芯机遇：强 AI 时代半导体产业人才发展的思考与展望

本书编委会　编

机 械 工 业 出 版 社

本书主要探讨了人工智能对半导体产业的影响以及在人工智能时代如何优化半导体产业人力资源配置，如何通过教育和培训体系的创新为半导体产业的可持续发展提供坚实的人才支持，从而推动半导体产业的繁荣与进步。本书具体内容包括半导体产业发展现状，人工智能在半导体产业中的应用，人工智能对半导体产业未来发展的影响，人工智能时代半导体产业的人才需求、人才培养体制机制创新和企业的人才应对策略，以及半导体产业面临的机遇与挑战、应对策略和未来展望。

本书可供半导体产业从业者、高等院校相关专业师生阅读参考。

图书在版编目（CIP）数据

芯机遇：强 AI 时代半导体产业人才发展的思考与展望 / 本书编委会编. -- 北京：机械工业出版社，2025.
2. -- ISBN 978-7-111-77488-4

Ⅰ. F416.63

中国国家版本馆 CIP 数据核字第 20258XR395 号

机械工业出版社（北京市百万庄大街 22 号　邮政编码 100037）
策划编辑：任　鑫　　　　　　责任编辑：任　鑫
责任校对：张爱妮　李　婷　　封面设计：马若濛
责任印制：常天培
北京机工印刷厂有限公司印刷
2025 年 3 月第 1 版第 1 次印刷
170mm×230mm · 12 印张 · 1 插页 · 159 千字
标准书号：ISBN 978-7-111-77488-4
定价：79.00 元

电话服务　　　　　　　　　　网络服务
客服电话：010-88361066　　　机　工　官　网：www.cmpbook.com
　　　　　010-88379833　　　机　工　官　博：weibo.com/cmp1952
　　　　　010-68326294　　　金　书　网：www.golden-book.com
封底无防伪标均为盗版　　　　机工教育服务网：www.cmpedu.com

联合编写单位

1. 中关村人才协会海峡两岸人工智能产业协同发展工作委员会
2. 深圳市半导体产业发展促进会
3. 厦门市集成电路行业协会
4. 宁波市电子行业协会
5. 福建省集成电路产教融合创新发展联盟
6. 第三代半导体产业技术创新战略联盟
7. 中关村半导体照明工程研发及产业联盟
8. 中国电子劳动学会校企合作委员会
9. 先进半导体产业教育发展研究院
10. 南京大学集成电路产教融合创新平台
11. 电子科技大学集成电路产教融合创新平台
12. 厦门大学集成电路产教融合创新平台
13. 中关村人工智能学院
14. 中国人工智能学会智慧能源专业委员会
15. 江苏省产教融合服务平台
16. 机械工业出版社

前　言

在 21 世纪的科技浪潮中，人工智能（AI）无疑是最引人注目的焦点之一。它不仅深刻地改变了我们的生活方式，更在各行各业引发了革命性的变化。特别是在半导体产业这一被誉为现代工业"心脏"的领域，AI 的影响将更加显著。从设计到制造，从测试到封装，AI 技术的应用正在全面提升半导体产业的生产效率和创新能力。然而，正如每一次技术革命所带来的机遇与挑战一样，AI 的崛起也给半导体产业带来了前所未有的冲击。因此，我们需要以审慎乐观的态度来面对这一变革，既要抓住机遇推动产业发展，又要积极应对可能出现的各种挑战。

然而在这场由 AI 引领的技术变革中，人才无疑是最宝贵的资源。尤其是在半导体这样一个高度专业化和技术密集型的领域内，高素质的人才更是不可或缺。随着 AI 技术的发展及其应用范围的不断扩大，对于具备相关技能的专业人才需求呈现出爆发式增长态势。无论是芯片设计、工艺研发还是设备维护等环节，都需要大量既懂 AI 又精通半导体技术的复合型人才。这些人才是推动半导体产业持续创新和发展的关键力量。因此，如何吸引、培养并留住这些优秀人才是摆在行业面前亟待解决的重要问题。

本书旨在深入探讨人工智能对半导体产业的影响以及如何在 AI 时代优化人力资源配置，通过教育和培训体系的创新为产业的可持续发展提供坚实的人才支持。为了实现这一目标，我们组织了来自产业界与教育界的近 100 位顶尖专家共同参与调研、分析及整理工作，最终形成本书。全书围绕以下几个核心议题展开讨论：

1）**半导体产业现状与发展**：回顾了过去几十年间半导体技术的发展历程，并分析了我国半导体产业现状。

2）**AI 在半导体产业的应用**：详细介绍了目前 AI 技术已经在哪些具体环节得到了成功应用。

3）**对产业未来影响评估**：基于当前趋势预测未来几年甚至更长时间内 AI 将如何进一步改变整个产业链条。

4）**新时代人才培养策略**：针对新形势下企业和个人所需掌握的新知识、新技能提出相应建议。

5）**人才培养体制机制创新探索**：从多个角度分析了不同层次高校在融会 AI 技术方面如何进行课程设置和资源建设。

6）**机遇与挑战并存**：从行业、企业、高校、个体多个层面客观分析当前环境下该行业所面临的主要困难和挑战。

在编写过程中，我们也特别关注到了不同类型企业和机构可能遇到的具体问题，并据此提出了针对性较强的解决方案或指导意见。希望通过本书能够为广大从业者提供有价值的参考信息，激发更多人投身于这个充满无限可能的行业之中。

值此成书之际，我们要向所有参与编写工作的编委会成员表示衷心感谢！正是因为有了你们无私奉献的精神以及不懈的努力付出，才使得这本凝聚着智慧结晶的作品得以顺利完成并最终面世。

最后，衷心希望本书能够给相关行业及单位带来一定的启示作用；同时也期待它能促进半导体与人工智能两大领域的深度融合与发展。

正如古语所云："风起于青萍之末，浪成于微澜之间。"愿每一位怀揣梦想的朋友都能勇敢地迎接挑战，在新时代背景下书写属于自己的精彩篇章！

AI 已来，势不可挡。

编　者

目　录

第3篇 未来篇

第 1 篇

产业篇

第1章
半导体产业发展现状

1.1 半导体产品

1.1.1 半导体的概念

半导体（Semiconductor）一般是指半导体材料，即在常温下，导电性能介于导体和绝缘体之间的材料。半导体、导体和绝缘体在导电性能的显著区别主要源于它们内部能带结构的差异，三者的能带结构如图 1-1 所示。按照能带理论的观点，物质的核外电子具有不同的能量层级，它们被归类为三种不同的能带，即导带、禁带和满带（或称为价带）。

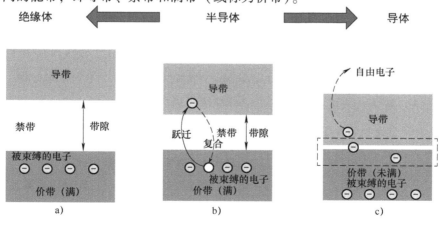

图 1-1　绝缘体、半导体、导体的能带结构

在绝缘体的能带结构中，价带被填满，禁带宽度很大，在常温下几乎没有电子能够从价带跃迁至导带。因此，绝缘体中的电子几乎都被束缚在价带中，无法在外电场的作用下自由移动，所以绝缘体几乎不导电。

在半导体的能带结构中，价带被填满，禁带宽度较大。常温下，虽然半导体的导带中电子数量较少，但随着温度的升高，部分价带中的电子可以获得足够的能量跃迁至导带，形成自由电子，从而获得导电性。此外，通过掺杂等工艺手段，可以人为地改变半导体的能带结构，进而调控其导电性能，这是半导体广泛应用的重要原因。

在导体的能带结构中，价带未被填满，禁带宽度较小。导体的能带结构使其在常温下就能够在导带中拥有大量的自由电子，自由电子可以在外电场的作用下自由移动形成电流，因此导体具有良好的导电性。

依据材料的化学成分，半导体材料可以分为元素半导体、化合物半导体和合金半导体。元素半导体是由单一元素构成的具有独特电学性质的固体材料，包括硅（Si）、锗（Ge）、硼（B）等。化合物半导体是由两种或两种以上元素组成，主要由元素周期表中的Ⅲ-Ⅴ族、Ⅱ-Ⅵ族和Ⅳ-Ⅳ族的元素构成，如氮化镓（GaN）、碳化硅（SiC）等。由二元化合物和一种或两种普通元素组成的三元或四元合金（固溶体）材料为合金半导体，如 AlGaN、InGaN 等，其具有组分可调、禁带宽度随组分连续可调等特点。

根据材料的结构特性和应用领域，半导体材料可以划分为以 Si、Ge 等为代表的第一代半导体材料，以 GaAs、InP 等为代表的第二代半导体材料，以 GaN、SiC 等为代表的第三代宽禁带半导体材料，如图 1-2 所示。三代的性能参数指标对比见表 1-1。

表 1-1 第一、二、三代半导体性能参数指标

参　　数	第一代半导体		第二代半导体		第三代半导体		
	Si	Ge	GaAs	InP	SiC	GaN	ZnO
禁带宽度/eV	1.12	0.67	1.4	1.3	3.2	3.39	3.37

（续）

参　数	第一代半导体		第二代半导体		第三代半导体		
	Si	Ge	GaAs	InP	SiC	GaN	ZnO
熔点/℃	1415	937	1240	1070	2540	2500	1975
相对介电常数	11.7	—	13.1	12.5	9.7	9.8	8.75
绝缘击穿场强/（MV/cm）	0.3	0.1	0.4	0.5	2.2	3.3	—
电子漂移饱和速率/（10^7cm/s）	1	—	2	1	2	2.5	3.2
热导率/[W/（cm·K）]	1.5	0.58	0.5	0.7	4.5	2~3	—
电子迁移率/[cm²/（V·s）]	1350	3900	8500	5400	900	1000	196
功率密度/（W/mm）	0.2	—	0.5	1.8	约10	>30	—

在半导体发展的早期阶段（20 世纪 50 年代），锗以其独特的性能在半导体产业中占据核心地位，但锗在高温和辐射环境下的稳定性相对较差。20 世纪 60 年代至今，由于硅在自然界中的储量丰富，且大尺寸晶圆制备技术和芯片制造工艺的逐渐成熟，现已取代锗，广泛应用于半导体产品制造。目前，全球超过 95% 的半导体芯片和器件都是基于硅材料生产的。此外，随着技术的进步，晶圆尺寸也在不断扩展，现今广泛量产的规格最大尺寸为 12 英寸（约 300mm）。

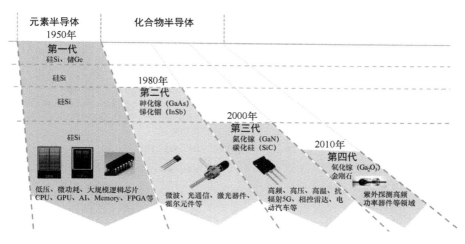

图 1-2　半导体材料分类及应用

　　相比第一、二代半导体，第三代半导体具有禁带宽度更宽、电子漂移饱和速率更高、绝缘击穿场强更高、热导率更高等特点。随着 5G、新能源汽车、人工智能、国防军事等领域的发展，全球第三代半导体市场将持续保持高速增长。我国第三代半导体产业的发展呈现出积极的态势，在 SiC 和 GaN 等关键材料方面取得了显著进展，特别是在新能源汽车、光伏和储能等领域的广泛应用，对我国在战略科技领域实现自立自强意义重大。

　　目前，以金刚石、氧化镓和氮化铝为代表的第四代半导体材料概念逐渐受到关注。这些材料以低功耗和高计算能力为特点，已经引起国际科研界的广泛兴趣。

1.1.2　半导体产品分类及应用

　　根据世界半导体贸易统计组织（World Semiconductor Trade Statistics，WSTS）的分类方法，半导体产品可划分为分立器件、光电器件、传感器、集成电路四大类别，各产品的类别细分如图 1-3 所示。

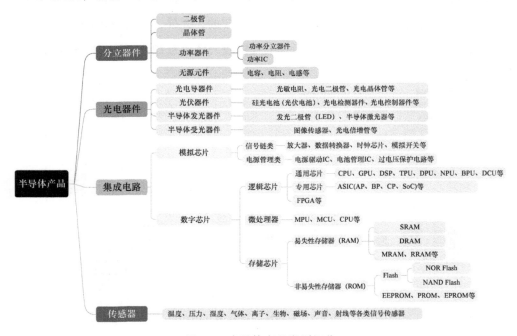

图 1-3　半导体产品类别细分

1. 分立器件

分立器件可分为普通二极管、晶体管、以电容/电阻/电感为代表的无源元件，以及占据分立器件主要地位的功率器件。

功率器件可以分为功率分立器件和功率 IC。功率分立器件主要是通过提供稳定的电力输出和控制，确保各种设备的正常运行，在电源、电机控制、通信系统、电动汽车、工业自动化等领域有着广泛的应用。功率 IC 主要以电源管理 IC 为主，包括稳压器、转换器等，主要功能是配合主系统需要控制电量流量和流向，应用领域几乎涵盖了所有需要电源供应和管理的电子设备，包括显示、服务器、数据中心、新能源汽车、智能电网、航空航天设备及军事装备等。

2. 光电器件

光电器件主要是指利用光电效应设计的功能器件，可分为光电导器件、光伏器件、半导体发光器件和半导体受光器件。

光电导器件的工作原理是通过光电导效应增加材料电导率，实现光能到电能的转换，主要包括光敏电阻、光电二极管、光电晶体管等。光电导器件主要应用于通信领域（如光通信及通信检测）、军事领域（如夜视仪和导航系统）、医疗设备、智能家居和工业自动化等。

光伏器件的原理是通过光伏效应是将太阳光的能量转化为电能直接使用，或通过逆变器转换为交流电供家庭和工业用电使用，主要包括非晶硅组件和晶硅组件等。光伏器件的效率和性能直接影响到整个太阳能发电系统的发电效率和性能。

半导体发光器件的原理是通过电致发光原理将电能转换成光能，主要包括发光二极管和半导体激光器等。发光二极管的应用包括高效节能照明、高清晰度显示屏、生物医学成像以及通信系统的信号指示等。半导体激光器也称激光二极管，主要应用于激光通信、光存储、光陀螺、激光打印、测距以及雷达等领域。

半导体受光器件的原理是通过光电效应实现光能向电能的转换，主要包括图像传感器、光电晶体管、光电倍增管等。其主要应用于图像传感器、红外接收器、激光电倍增管等产品，在下游应用产品中通常与发光器件集成在一起使用。

3. 传感器

传感器是指利用半导体材料物理、化学、生物特性制成的传感器，按照信号感知方式，可以分为温度传感器、湿度传感器、压力传感器等多种类型。半导体传感器可以实现电、光、温度、声音、位移、压力等物理量之间的相互转换，从而实现工业自动化遥测、环境污染监测、能源管理与节能减排、医疗成像与检测诊断等。

4. 集成电路

集成电路是一种将晶体管、电阻、电容、电感等元器件及布线互联在一起形成的微型电子器件或部件，主要包括模拟芯片和数字芯片。

模拟芯片主要是指由电阻、电容、晶体管等组成的模拟电路集成在一起用来处理连续函数形式模拟信号的集成电路，主要包括以放大器、比较器、接口集成电路等为代表的信号链类芯片和以驱动集成电路、交直流转换器、充电/电池管理集成电路等为代表的电源管理类芯片。模拟芯片能够处理模拟信号，在通信、医疗、工业控制等传统领域有广泛应用，在新兴领域如人工智能、自动驾驶和物联网中展现出了巨大潜力。

数字芯片是对离散的数字信号进行算术和逻辑运算的集成电路，其基本组成单位为逻辑门电路，包括逻辑芯片、微处理器和存储芯片三大类。

1）逻辑芯片是所有采用逻辑门和其他数字电路构成的大规模集成电路，这里主要是指仅包含逻辑运算能力的集成电路，被广泛应用于通信、工业自动化、智能家居、医疗电子等多个领域，为各种电子设备提供高性能的数据处理、逻辑运算和决策支持功能。

2）微处理器（MPU、MCU、CPU）主要是指将算术逻辑单元、控制单元、寄存器和高速缓存等部件封装在一个芯片之上的微控制单元。MPU 通常是设备的核心处理器，用于执行复杂的计算和控制任务，包括处理数据、执行指令和协调设备各部件的工作等，从而驱动设备正常运行并实现各种功能。

3）存储芯片主要承担数据存储功能，包括易失性存储器和非易失性存储器。易失性存储器主要以随机存取器 RAM 为主，使用量最大的为动态随机存储器 DRAM。DRAM 可以为计算机提供高速、临时的数据存储，用于存储当前正在处理的数据和指令，使计算机能够迅速读取和写入信息，其应用场景包括个人计算机、服务器、智能手机等电子设备；非易失性存储器较为常见的是 NOR Flash 与 NAND Flash。NOR Flash 通常用于存储程序代码、固件、操作系统等关键数据，具有较快的读取速度和较好的随机访问性能，其应用场景多集中在嵌入式系统和存储设备中，如智能仪表、医疗设备、路由器等。NAND Flash 以其非易失性、大容量和快速读写的特点，广泛应用于移动设备、固态硬盘、嵌入式系统及便携式存储设备等需要高性能存储解决方案的场合。

1.1.3　半导体产业市场规模

根据世界半导体贸易统计组织发布的数据，2023 年全球半导体产业销售总额为 5220 亿美元，与 2022 年的 5660 亿美元相比下降了 11%，2024 年全球半导体产业将逐步复苏，重新进入稳步增长的发展态势，平均增速将达到 13%～15%。如图 1-4 所示，预计 2024 年全球半导体销售总额将达到 6000 亿美元，到 2030 年有望突破万亿美元。在全球半导体市场迈向万亿美元的进程中，人工智能（AI）及其驱动的新智能技术应用，例如新能源车、5G/6G、物联网、自动驾驶、智能制造等成为推动半导体产业持续前行的重要驱动力。

图 1-4　全球半导体市场规模

随着全球电子制造业向发展中国家和地区转移，我国半导体产业保持较快的发展势头。如图 1-5 所示，我国半导体产业市场规模从 2017 年的 1315 亿美元增长至 2023 年的 1565 亿美元，约占全球半导体产业市场规模的$\frac{1}{3}$。

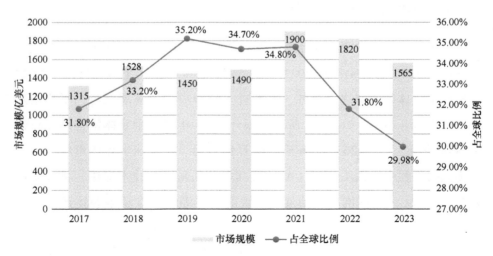

图 1-5　2017—2023 年中国半导体产业市场规模统计

按产品类型来看，集成电
路是技术难度最高、增速最快
的细分产品，占半导体产品销
售额的比重最大，是半导体产
业最重要的构成部分。如图 1-6
所示，根据 WSTS 的统计数据，
2023 年全球集成电路、分立器
件、光电子器件和传感器市场

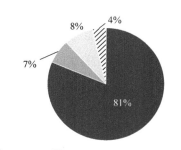

图 1-6　2023 年全球半导体产品市场份额

规模分别为 4271.89 亿美元、360.76 亿美元、424.64 亿美元和 198.35 亿美
元，在全球半导体行业占比分别为 81%、7%、8% 和 4%。预计 2024 年集成
电路市场规模有望达到 4875 亿美元，同比增长 15.5%；分立器件、光电子及
传感器市场规模预计分别为 375 亿美元、433 亿美元、201 亿美元，同比增速
分别为 4.2%、1.7%、3.7%。根据以上数据来看，集成电路将在 2024 年成
为推动半导体市场增长的关键动力。其中，全球模拟芯片市场规模预计达到
841 亿美元，同比增长 3.7%；微处理器市场规模达预计到 819 亿美元，同比
增长 7%；逻辑芯片市场规模预计达到 1917 亿美元，同比增长 9.6%；存储芯
片市场规模预计达到 1298 亿美元，同比增长 44.8%。

1.1.4　半导体产品技术发展趋势

当前，微纳电子产业发展正处于理论技术变革迅猛的重要时期，量子隧
穿效应导致的物理极限和先进制程工艺成本陡增等因素致使集成电路沿摩尔
定律发展的经验规律迎来瓶颈，集成电路进入后摩尔时代，技术迭代速度放
缓。但随着人工智能、大数据、云计算、物联网、新能源汽车等先进技术的
发展，半导体芯片需求日益旺盛；随着半导体工艺材料的进步，半导体产品
的性能也在不断提升。

1. 智能终端推动高性能芯片需求旺盛

随着信息社会数字化、智能化水平的不断提高，人类社会已进入算力时

代，大量基于 5G 通信技术的智能手机、智能家电、智能汽车、智能机器人应用呈现爆发式增长。智能终端设备的小型化、集成化、安全化是产品发展的主要趋势，高性能、高算力芯片则是提升智能终端设备智能互联水平的关键。可穿戴设备等小型产品对芯片的算力要求相对不高，但智能手机、笔记本电脑等产品对芯片的算力要求正在大幅提升。为实现更高的集成度，更多的晶体管和其他组件将被集成在更小的芯片上，从而使芯片的性能和能效得到优化。摩尔定律下的集成电路尺寸微缩能带来单位面积算力的指数提升，但随着摩尔定律放缓，以及智能手机、自动驾驶、数据中心等新的应用端对存储力、算力提出更高的要求，单靠先进芯片工艺的不断演进已难以为继。芯粒（Chiplet）和三维异构集成将成为突破集成电路发展瓶颈、提高芯片集成度和芯片算力的驱动力。目前，全球半导体科技巨头均在积极推出包含 Chiplet 的产品，比如特斯拉 Dojo 深度学习和模型训练芯片、AMD MI300 APU 加速显卡、英伟达 Ampere A100 GPU 等。国内算力芯片厂商亦在跟进布局。

2. 新能源汽车推动车规级芯片应用需求

汽车行业正在经历大的变革，电动化、智能化转型是大势所趋，车规级芯片作为智能电动汽车的硬件底座，有着举足轻重的行业地位。智能电动汽车的基础是电气化，需要用到大量的功率芯片和控制芯片，同时智能电动汽车是一个集环境感知、智能决策、多等级辅助驾驶等功能于一体的综合系统，对于芯片数量和性能的要求伴随智能化程度的增长而快速提升。

车规级芯片在应用环节可以分为五大类：主控芯片、功率芯片、模拟芯片、传感器、存储器。其中，主控芯片负责计算与控制，相当于汽车的"大脑"，包括 MCU 和 SoC 等，分布在如发动机、底盘、车身控制、辅助驾驶（ADAS）和自动驾驶等系统中。随着汽车智能化的演进，智能座舱和自动驾驶对汽车的智能架构和算力提出更高的要求，这将推动汽车芯片快速向着搭载算力更强的 SoC 进化。SoC 集成了 CPU、GPU 等不同类型芯片，形成自动驾驶芯片和智能座舱芯片。这些芯片需具备强大的算力，以满足大量数据的计算，同时也要考虑功耗的影响，以实现较长的续驶里程。此外，随着自动驾驶级别的提升，自动驾驶芯片需要更高的算力支持，智能座舱芯片相比于自动驾驶芯片对算力的要求相对更低，但未来车内"一芯多屏"技术的发展将更依赖于智能座舱 SoC。与此同时，随着座舱的功能进一步丰富，集成了环视、驾驶员监控系统（DMS）、乘客及后座检测系统（OMS）以及部分先进驾驶辅助系统（ADAS）功能，芯片本身也将朝小型化、集成化、高性能化的方向发展。

3. "新基建"推动第三代半导体加速发展

随着 5G 基建、特高压、城际高铁和城际轨道交通、智能电网、工业互联网等新基建领域的提速部署，进一步推动了我国第三代半导体产业的发展。尤其是 5G 独立组网和新能源汽车的发展，使得对应的射频器件和功率器件需求量大幅增长。以碳化硅、氮化镓为代表的第三代半导体由于其优异的宽禁带特性，得到了快速发展与应用。

4. 人工智能带动 AI 芯片蓬勃发展

在全球半导体市场迈向万亿美元的进程中，人工智能及其驱动的新智能应用将成为推动半导体产业持续前行的重要驱动力。从 2022 年 11 月 Chat GPT 发布以来，生成式人工智能快速兴起，带动 2023 年 AI 芯片、存储芯片出货量大幅飙升。

此外，人工智能将进一步带动半导体产品的设计、制造过程的智能化，以及芯片算力、存力（存储性能）和能效的提升，从而推动半导体在架构和先进封装等环节的创新，并带来新的市场增量。2024 年，随着 AI 大模型不断发展，采用 Chiplet 技术来定制高效扩展算力将成为主流趋势，未来还将运用在板级多芯片互连甚至更大规模的多板多机柜互连方案中。由于 AI 发展需要大量算力支持，这也使得对电力的需求飙升，此时宽禁带半导体和储能系统也将发挥作用。

1.2　半导体产业概述

1.2.1　半导体产业链

1. 产业链结构

半导体产业链可以分为上游、中游和下游三个主要环节，如图 1-7 所示。上游主要有半导体材料、生产设备、EDA（Electronics Design Automation）软件和 IP 核（Intellectual Property Core）。半导体材料是半导体产业的核心，其品类繁多，包括硅、砷化镓、碳化硅、氧化镓等基础材料，光刻胶、湿电子化学品、抛光材料等晶圆制造材料，粘接材料、键合线、基板等封装材料；生产设备是半导体制造和生产的基石，可分为前道制造设备和后道封装、检测设备等，主要包括光刻机、刻蚀机、薄膜沉积设备、离子注入机、测试机、分选机、探针台等；EDA 被称为半导体的"芯片之母"，贯穿数字和模拟电路设计、晶圆制造、封测等环节，包括电路设计与仿真工具、PCB 设计软件、IC 设计软件、PLD 设计工具等；IP 核指半导体产品设计中预先设计、验证好的功能模块，通过授权允许其他厂商将其集成在其产品设计中，通过流片形成最终的产品。

中游包括芯片设计、芯片制造和封测三大环节。芯片设计环节是指设计人员根据应用需求来确定器件的功能和性能指标，然后进行电路布局和参数选择，设计和开发出半导体产品的过程。制造环节是指将设计完成的器件和芯片通过相关设备和多种制造工艺生产出实物的过程。封测环节包括封装和测试两个步骤，封装通常是通过晶圆切割、焊接引线、塑封等步骤，使芯片和器件与外部电路连接；测试则是在封装之后对产品进行性能和可靠性检测，确保其满足特定的技术规格。经过上述环节，最终形成集成电路、分立器件、光电器件和传感器等半导体产品。

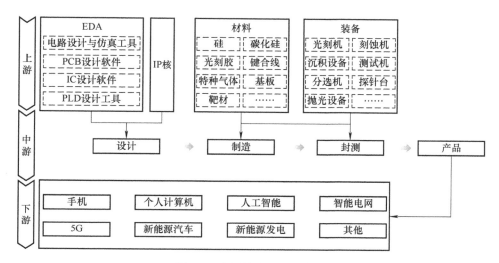

图 1-7　半导体产业链示意图

下游应用为半导体产品终端应用领域，半导体产品长期支撑智能手机、个人计算机等消费电子领域的发展，近年来在新能源汽车、新能源发电、5G、人工智能、智能电网等新兴领域的应用更是越加广泛，相关领域的具体应用本书不具体展开介绍。

2. 竞争格局

半导体产业的基础技术研发和初期生产始于美国，后经历七十多年的技术扩散和产业转移，半导体产业链已经高度全球化，美国、韩国、日本、欧洲和中国等主要参与国家和地区在产业链环节中的优势不同。根据 IC Insights 数据，美国在全球半导体产业链中占领绝对优势（见表 1-2），在上游 EDA、IP 核、设备和中游芯片设计方面具有明显优势，在全球半导体产业链中占有 39% 份额的市场份额，拥有新思科技（Synopsys）、锘橙科技（Cadence）、应用材料（AMAT）、英特尔（Intel）、德州仪器（TI）、英伟达（NVIDIA）等龙头企业。中国是全球最大的半导体应用市场，在产业链中游制造和封装方面具有一定优势，在全球半导体产业链中占有 18% 份额，其中中国台湾地区凭借制造优势占有 12% 份额，拥有台积电、联发科、稳懋等知名晶圆代工企业；中国大陆地区虽然已具有较为完备的半导体产业链，拥有华为、中芯国际、中国电科、北方华创、华峰测控等龙头企业，但整体实力较弱，仅占全球市场份额的6%。韩国在半导体产业链中游设计和晶圆制造方面较有优势，在全球半导体产业链中占有16%的市场份额，拥有三星电子、SK海力士等领先的存储芯片制造商。日本在半导体产业链上游的材料和设备方面具有很强的竞争力，在全球半导体产业链中占有14%的市场份额，拥有信越化学、住友化学、迪斯科、东京电子、佳能等知名企业。欧洲整体较美韩日相对落后，但在产业链上游IP核、制造装备、设计和制造等领域有一定优势，在全球半导体产业链中占有11%的市场份额，拥有安谋（ARM）、阿斯麦（AMSL）、英飞凌（Infineon）、恩智浦（NXP）、意法半导体（ST）等企业。其他国家和地区在半导体产业链的布局比较单一，没有特别突出的优势，在全球半导体产业链中仅占2%份额。

表1-2 全球半导体产业链市场份额（IC Insights 2021）

环　　节		附加值	市 场 份 额						
			美国	韩国	日本	中国台湾地区	欧洲	中国大陆地区	其他
原材料	晶圆材料	2.5%	0.0%	10.0%	56.0%	16.0%	14.0%	4.0%	0.0%
生产设备	芯片制造设备	14.9%	44.0%	2.0%	29.0%	<1%	23.0%	1.0%	1.0%
	芯片封装设备	2.4%	23.0%	9.0%	44.0%	3.0%	6.0%	9.0%	7.0%
EDA		1.5%	96.0%	<1%	3.0%	0.0%	0.0%	<1%	0.0%
IP 核		0.9%	52.0%	<1%	0.0%	1.0%	43.0%	2.0%	2.0%
芯片设计		29.8%	47.0%	19.0%	10.0%	6.0%	10.0%	5.0%	3.0%
芯片制造		38.4%	33.0%	22.0%	10.0%	19.0%	8.0%	7.0%	1.0%
芯片封装		9.6%	28.0%	13.0%	7.0%	29.0%	5.0%	14.0%	4.0%
总增加值			39.0%	16.0%	14.0%	12.0%	11.0%	6.0%	2.0%

就产业链具体环节而言，在衬底材料方面，日本占据全球一半以上的市场份额，达56%；中国占20%次之，其中台湾地区为16%，大陆地区4%；欧洲以14%份额位居第三。在EDA方面，美国在全球市场份额占比达96%，处于垄断地位。在IP核领域，美国凭借EDA方面的领先优势占据环节主导地位，市场份额达52%，欧洲以43%的市场份额次之。在设备方面以美日为主，美国、

日本和欧洲分别占前道制造设备市场的44%、29%和23%份额；日本占据后道封装设备市场的44%的市场份额，美国以23%份额次之。在半导体产品的设计方面，美国以47%的市场占有率引领全球，韩国以19%位居第二，中国为11%（其中大陆地区5%，台湾地区6%），日本和欧洲各占10%。在制造环节，美国占全球市场的33%，中国占26%（其中大陆地区7%，台湾地区19%），其次是韩国，占22%。在封装方面，中国占全球市场的份额为43%（其中大陆地区14%，台湾地区29%），其次是美国和韩国，分别为28%和13%。

3. 产业转移

从20世纪70年代半导体产业在美国形成规模以来，全球半导体产业已完成两次大的产业转移：第一次产业转移是20世纪70~80年代，日本借助在工业级PC DRAM上的高质量、技术领先和批量化生产，实现对美国的赶超。1980—1986期间，美国半导体市占率从61%降至43%，而日本由26%提升至44%，DRAM领域的市占率则高达80%，实现了半导体产业从美国向日本转移，并成就了东芝、松下、日立等公司。

第二次产业转移发生在20世纪80~90年代，由于美国的制裁，日本半导体产业严重受挫，韩国通过引进消化吸收再创新，凭借家用PC的兴起、DRAM的高速研发和大规模生产的优势，借机超越日本成为DRAM领域的后起新秀，而我国台湾地区则专注晶圆代工和封测，成为垂直领域的霸主。至20世纪90年代中期全球半导体产业完成从日本向韩国和中国台湾地区的转移，成就了韩国三星、LG、海力士，中国台湾地区的台积电（TSMC）、联发科、日月光等半导体产业的领军企业。其中尤其以台积电最为领先，其目前是全球最大的半导体晶圆代工厂，以先进的制程技术和巨大的市场份额在全球半导体产业中占据领先地位。台积电在10nm以下制程芯片的市场占有率高达92%，并且是全球少数能制造5nm芯片的厂商之一。根据其最新的发布，其将会在2026年量产1.6nm芯片制程技术，名为TSMC A16。这项技术标志着台积电首次进入埃级（angstrom-scale）生产节点，这是半导体制造工艺的一个重要进步，标志其将继续在半导体晶圆制造领域领先全球。

目前全球半导体产业正在进行第三次产业转移，这次转移是近 10 年来，随着我国大陆地区智能手机、移动终端、新能源汽车等行业的快速发展，半导体产业正在迅速向我国大陆地区转移。至今，我国大陆地区在半导体产业的上中下游都催生了众多半导体企业，其中最具竞争力的有中芯国际、华为海思、北方华创等。中芯国际目前是我国大陆地区最大的晶圆制造厂，提供集成电路晶圆代工和技术服务，技术节点覆盖了从成熟工艺到先进工艺的广泛范围，能够满足不同客户和市场的需求。随着技术的不断进步和产能的扩展，中芯国际在全球半导体代工市场中的地位逐渐提升。目前，其也是我国大陆地区第一家实现 14nm FinFET 量产的集成电路晶圆代工企业，但是仍然与最先进的技术节点存在不小的差距。华为海思是华为的半导体芯片部门，在技术创新和产品研发上取得了显著成就，助力华为在手机芯片、自动驾驶、人工智能等领域突破众多技术限制，保证了华为在智能手机、新能源汽车领域的领先地位。全球半导体产业的三次产业转移如图 1-8 所示。

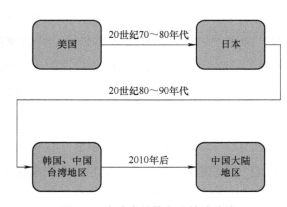

图 1-8　全球半导体产业转移路线

1.2.2　半导体产业模式

按照上述半导体芯片设计、芯片制造、芯片封测等环节，半导体公司通常专注于其中一个产业链环节，而极少数企业选择独立完成全部三个关键环节。这样的分工形成了不同的产业经营模式。一般而言，主要的经营模式包括 Fabless（无厂半导体设计公司）、Foundry（晶圆代工厂）、IDM（半导体垂直整合制造商）和 OSAT（封装测试服务提供商），不同模式的代表厂商如图 1-9 所示。

图 1-9　不同产业经营模式的厂商

按照半导体生产制造和封装测试来分类，可分为以下两种运营模式：

1. 生产制造行业的运营模式

从生产制造角度看，又有以下两种运营模式：Foundry 模式和 IDM 模式。

Foundry 模式是指专门负责半导体芯片生产、制造，但是没有芯片设计业务的晶圆制造企业。这类企业按照 Fabless 企业的设计要求，提供生产工艺流程、设备和人力资源，大规模生产芯片。Foundry 通常投入巨大的资金用于制造技术研发和工艺设备购置，以满足不同客户的需求。随着制造技术的不断发展，晶圆代工厂在提供先进制程和高效制造方面发挥了关键作用。Foundry 模式在为各个企业提供生产能力和降低生产成本方面具有潜在优势。然而，随着制造技术的进步，晶圆代工厂之间的竞争也在加剧。Foundry 模式的企业主要有台积电（TSMC）、台联电（UMC）、中芯国际（SMIC）等。

IDM 模式是指集合芯片设计、制造、封装、测试和销售等多产业链环节于一体的经营模式，这种经营模式可以很好地协同设计、制造等环节，以实现技术闭环，有助于快速发掘技术潜力。其劣势是运作成本较高，投资回报周期较长。IDM 模式在历史上一直是半导体产业的主流。一些大型的 IDM 企业通过拥有全面的生产能力，能够更好地掌握技术创新和质量控制。然而，由于全产业链高昂的资本投资、晶圆制造和封测技术的复杂性，半导体产业的多数芯片企业更倾向于专注于设计。IDM 模式的企业主要代表有韩国三星、美国英特尔、美国美光等。

此外，还有一种 Fablite 模式，这种模式是指结合了 Fabless 和 Foundry 两种模式的优势，企业专注于半导体设计，而在晶圆制造、封装、测试环节采用自行建厂和委外加工相结合的方式，之前传统意义上的 IDM 半导体企业都在逐步向 Fablite 模式转变。

2. 封装测试行业的运营模式

OSAT 是半导体产业中专注于芯片的封装和测试的企业，通常称为半导体封测厂。在芯片制造完成后，负责将芯片封装成最终的成品，并进行必要的测试以确保产品质量。OSAT 在整个半导体供应链中扮演了重要的角色，通过为 Fabless 企业和 Foundry 企业提供封装和测试服务，加速了产品的上市和应用。OSAT 企业的典型代表有日月光（ASE）、安靠（Amkor）、长电科技（JCET）等。其中日月光是全球最大的 OSAT 企业，其业务遍布全球，覆盖了半导体芯片的高中低端产品，是一家全球领先的 OSAT 企业。长电科技是我国大陆地区最大和全球排名前三的半导体封装测试公司，其在我国、韩国和新加坡等地设有六大生产基地和两大研发中心，为全球客户提供服务。

此外，由于半导体测试是生产的最后环节，保证了产品的质量，也有一些专门从事半导体测试的公司，如京隆科技、利扬芯片、伟测科技等。

1.3　中国半导体产业的现状

1.3.1　产业政策

半导体产业作为支撑国防建设、服务国民经济的战略性、基础性、先导性产业，一直受到我国政策重点支持。进入 21 世纪，我国半导体产业迎来了发展的窗口期，为鼓励国内半导体整体发展，增强产业创新能力和国际竞争力，国务院、国家发展和改革委、科技部、工业和信息化部、商务部等中央机关，以及地方政府相继出台鼓励半导体产业的指导纲要和支持政策，扶持方向涵盖 IC 设计、工业软件、关键材料、关键设备、封装测试、应用领域等产业链全要素。据不完全统计，2000 年以来与半导体相关重要政策见表 1-3。

表 1-3　2000 年以来与半导体相关重要政策

发布时间	政策名称	相关内容	政策性质
2000	《国务院关于鼓励软件产业和集成电路产业发展若干政策的通知》	通过政策引导，鼓励资金、人才等资源投向软件产业和集成电路产业，并进一步促进我国信息产业快速发展。	支持类
2006	《国家中长期科学和技术发展规划纲要》	突破制约信息产业发展的核心技术，掌握集成电路及关键元器件、大型软件、高性能计算、宽带无线移动通信、下一代网络等核心技术，提高自主开发能力和整体技术水平。	指导类
2011	《国务院关于印发进一步鼓励软件产业和集成电路产业发展若干政策的通知》	对集成电路线宽小于 $0.8\mu m$（含）的集成电路生产企业，经认定后，自获利年度起，第一年至第二年免征企业所得税，第三年至第五年按照 25% 的法定税率减半征收企业所得税。	支持类

（续）

发布时间	政策名称	相关内容	政策性质
2014	《国家集成电路产业发展推进纲要》	以整机和系统为牵引、设计为龙头、制造为基础、装备和材料为支撑，以技术创新、模式创新和体制机制创新为动力，破解产业发展瓶颈，推动集成电路产业重点突破和整体提升。	指导类
2015	《中国制造2025》	支持集成电路及专用装备、信息通信设备、操作系统及工业软件、高档数控机床、航空航天装备、电力装备、新材料、生物医药等战略重点，引导社会各类资源集聚，推动优势和战略产业快速发展。	指导类
2016	《国务院关于促进加工贸易创新发展的若干意见》	鼓励电子信息、移动通信、汽车及零部件、集成电路、医疗设备、航空航天等辐射和技术溢出能力强的先进制造业加工贸易发展。	支持类
	《新材料产业发展指南》	推进材料先行、产用结合，以满足传统产业转型升级、战略性新兴产业发展和重大技术装备急需为主攻方向，着力突破一批新材料品种、关键工艺技术与专用装备，不断提升新材料产业国际竞争力。	指导类
2017	《新一代人工智能发展规划》	加强与国家科技重大专项的衔接，在"核高基"（核心电子器件、高端通用芯片、基础软件）、集成电路装备等国家科技重大专项中支持人工智能软硬件发展。	指导类
2018	《关于集成电路生产企业有关企业所得税政策问题的通知》	2018年1月1日后投资新建设的集成电路线宽小于130纳米，且经营期在10年以上的集成电路生产企业或项目，第一年至第二年免征企业所得税，第三年至第五年按照25%的法定税率减半征收企业所得税，并享受至期满为止。	支持类
	《战略性新兴产业目录（2018）》	将集成电路制造列入战略性新兴产业重点产品目录。	指导类
2019	《产业结构调整指导目录（2019年本）》	第一类鼓励类目录包括集成电路设计、半导体、光电子器、新型电子元器件等。	指导类

（续）

发布时间	政策名称	相关内容	政策性质
2020	《国务院关于印发新时期促进集成电路产业和软件产业高质量发展若干政策的通知》	强调集成电路产业和软件产业作为信息产业核心的地位，并提出了具体的支持措施，以引领新一轮科技革命和产业变革。	指导类
2021	《关于加快培育发展制造业优质企业的指导意见》	依托优质企业组建创新联合体或技术创新战略联盟，开展协同创新，加大基础电子元器件、集成电路等领域关键核心技术、产品、装备攻关和示范应用。	指导类
2022	《关于做好2022年享受税收优惠政策的集成电路企业或项目、软件企业清单制定工作有关要求的通知》	集成电路设计领域：高性能处理器和FPGA芯片，存储芯片，智能传感器工业、通信、汽车和安全芯片，EDA、IP和设计服务。	支持类
2023	《国家发展改革委等5部门关于做好2023年享受税收优惠政策的集成电路企业或项目、软件企业清单制定工作有关要求的通知》	明确2023年享受税收优惠政策的集成电路企业或项目、软件企业的清单制定工作，进一步促进了集成电路产业的持续健康发展。	支持类
	《制造业可靠性提升实施意见》	重点提升电子整机装备用SoC/MCU/GPU等高端通用芯片、氮化镓/碳化硅等宽禁带半导体功率器件、精密光学元器件等电子元器件的可靠性水平。	
	《关于推动能源电子产业发展的指导意见》	面向光伏、风电、储能系统、半导体照明等，发展新能源用耐高温、耐高压、低损耗、高可靠IGBT器件及模块，SiC、GaN等先进宽禁带半导体材料与先进拓扑结构和封装技术。	指导类
	《关于印发电子信息制造业2023—2024年稳增长行动方案的通知》	持续做好电子信息技术标准工作，强化先进技术和标准融合，以高标准助力高技术创新。梳理基础电子元器件、半导体器件、光电子器件、电子材料、新型显示、集成电路、智慧家庭、虚拟现实等标准体系，加快重点标准制定和已发布标准落地实施。	

（续）

发布时间	政策名称	相关内容	政策性质
2024	《工业和信息化部等七部门关于推动未来产业创新发展的实施意见》	加强前瞻谋划部署。把握全球科技创新和产业发展趋势，重点推进未来制造、未来信息、未来材料、未来能源、未来空间和未来健康六大方向产业发展。	指导类

1. 重大科技专项

在《国家中长期科学和技术发展规划纲要》的指导下，由科技部作为领导小组、工业和信息化部作为牵头实施单位的"核高基重大专项"（01 专项）正式于 2008 年国务院常务会议审定通过。01 专项主要目标是在芯片、软件、电子器件领域，追赶国际技术和产业的发展，力争到 2020 年，我国在高端通用芯片、基础软件和核心电子器件领域基本形成高新技术研发与创新体系。"极大规模集成电路制造装备及成套工艺"（02 专项）由科技部作为领导小组，北京市和上海市人民政府作为牵头单位组织实施。02 专项的目标是掌握制约产业发展的集成电路制造装备、成套工艺及材料核心技术，开发关键产品，在国际竞争中培养一批世界级企业，带动高端装备制造、材料与精细化等产业发展。

2. 产业投资基金

2014 年，国务院提出要设立国家产业投资基金的重要举措。在工业和信息化部和财政部的指导下，国开金融、华芯投资等共同签署了《国家集成电路产业投资基金股份有限公司发起人协议》，正式成立了国家集成电路产业投资基金（简称"大基金"）一期。大基金一期主要投资方向包括集成电路设计、制造、封测等半导体产业中游，总规模达到 1387.2 亿元，支持单位主要有中芯国际、长江存储等 IC 制造厂，长电科技、华天科技、富通微电等封测厂以及汇顶科技、中兴微电子等 IC 设计企业。2019 年 10 月，大基金二期正式成立，总规模达到 2014.5 亿元，主要投资方向为集成电路专用设备、半导体材料等半导体产业上游，投资对象包括长川制造、中芯南方、紫光展锐、深科技等。根据国家企业信用信息公示系统显示，2024 年 5 月 24 日国家集成电路产业投资基金三期股份有限公司（即"大基金"三期）成立，股东包括财政部、国开金融、中移资本、中国建设银行等 19 家。据公开调研报告推测，大基金三期除了延续对设备、材料等产业链薄弱环节的支持，在当前人工智能、数字经济、新一代信息技术的快速发展趋势下，投资 HBM（高带宽内存）等高附加值算力芯片、存储芯片的概率较大。

3. "十四五"规划

2021 年国务院发布了《中华人民共和国国民经济和社会发展第十四个五年规划和 2035 年远景目标纲要》，明确要推动"集成电路、航空航天"等产业创新发展，要瞄准"人工智能、量子信息、集成电路"等前沿领域，实施一批具有前瞻性、战略性的国家重大科技项目。在"十四五"规划的指导下，多个"十四五"相关政策均将集成电路列入重点发展项目，如 2021 年中央网络安全和信息化委员会印发《"十四五"国家信息化规划》、工业和信息化部印发《"十四五"信息通信行业发展规划》、商务部印发《"十四五"利用外资发展规划》，以及 2022 年国务院印发的《"十四五"数字经济发展规划》等。

总体来看，我国出台的半导体产业政策不断向广度和深度进军，具有全面性、持续性、针对性和时序性，画出一张措施有力、脉络清晰、操作性强的半导体产业"设计图"，形成系统的产业发展部署和工作格局，为我国半导体产业的发展提供了有力保障，进一步促进了新质生产力的提升。

1.3.2　技术布局

在政策支持和市场需求的大力推动下，我国的半导体产业快速布局，产业链要素发展齐全，具有材料、装备、设计、制造和封测五大完整的工业技术板块。

1. 材料段

我国在半导体材料领域起步较晚，因此早期半导体单晶硅以及电子气体、光刻胶和抛光材料等大量辅助材料国产化水平较低。根据公开资料显示，02 专项围绕硅片、光掩模、光刻胶、工艺化学品、电子气体、研磨抛光材料、靶材等七大类进行了全面布局。随着十余年的持续攻关，上百种关键材料通过了大生产线考核并实现了批量销售。目前，本土厂商在部分半导体材料细分领域已经取得了较高的市场份额，如 8 英寸及以下半导体硅片的产能可基本满足国内晶圆代工产业的需求，G/I 光刻胶已实现量产，KrF 光刻胶已开始小批量生产。但在 12 英寸硅片、ArF 光刻胶、电子束光刻胶等对产品的性能要求更为严苛、技术要求更高的半导体材料方面，与国外仍有较大差距。在 12 英寸硅片领域，本土厂商沪硅产业正处于产能提升阶段；彤程新材、南大光电、上海新阳等厂商在 ArF 光刻胶领域稳步推进产品研发。

2. 装备段

半导体装备作为电子信息产业的工业母机，是产业链基础中的基础、核心中的核心，一直受到政府和产业界的高度重视，特别是 02 专项均对设备进行体系布局，重点支持了扩散炉、薄膜沉积设备、刻蚀机、离子注入机、CMP 等关键工艺设备，具体为"重点进行 45~22nm 关键制造装备攻关，开发 32~22nm CMOS 工艺、90~65nm 特色工艺，开展 22~14nm 前瞻性研究"。02 专项支持范围涵盖材料制备、芯片制造和封装测试等全工艺流程，致力于形成 65~45nm 制造装备及工艺配套能力。

在国家重大科技专项的支持下，经过十多年发展，我国集成电路关键装备从无到有，填补了产业链空白。除核心的光刻机以外，其他装备基本满足 28nm 制程，个别装备达到 7nm 水平。整体上看，国内集成电路装备与国际先进研制水平仍存在 2~3 代以上的差距，见表 1-4。

表 1-4　我国半导体核心装备布局情况

工　艺	设备种类	重点企业	所在地区	工艺节点/nm
光刻	光刻机	上海微电子	上海	90
	涂胶显影机	沈阳芯源	沈阳	65/45/28
刻蚀	介质刻蚀机	上海中微	上海	45/28/14/7
	硅刻蚀机	北方华创	北京	65/45/28/14
薄膜	PVD	北方华创		65/45/28/14
	氧化炉/LPCVD	北方华创		65/45/28
	ALD	北方华创		28/14/7
	PECVD	沈阳拓荆	沈阳	65/28/14
离子注入	离子注入机	电科装备	北京	65/45/28/14
湿法	清洗机	北方华创/盛美	北京/上海	65/45/28
	CMP	华海清科/电科装备	天津/北京	28/14
	镀铜	盛美/电科装备	上海/北京	28/14
检测	检测设备（OCD/膜厚/缺陷/ATE）	睿励/中科飞测/御渡/东方晶源	上海	65/45/28/14
热处理	退火炉/合金炉/单片退火	北方华创/电科装备	北京	65/45/28
减薄	减薄机	电科装备/北京特思迪	北京	65/45/28

3. 设计段

芯片设计的核心是 EDA 和 IP。自 2017 年以来，华大九天承接了 01 专项中"先进 EDA 工具平台开发""EDA 工具平台应用及产业化"等课题，此外紫光通讯、中兴微电子、北斗导航等设计领域企业也获得国家集成电路产业投资基金重点扶持。

目前我国 IC 设计业保持快速增长，根据中国半导体行业协会的统计，集成电路设计业销售收入从 2011 年的 526.4 亿元增长到 2021 年 4519 亿元，复合年增长率为 24%。我国国内主要的 IC 设计公司包括华大九天半导体、华为海思、紫光展锐、中兴微电子、北京智芯微等。华大九天作为国内 EDA 龙头，主要产品包括模拟电路设计全流程 EDA 工具系统、数字电路设计 EDA

工具、平板显示电路设计全流程 EDA 工具系统和晶圆制造 EDA 工具等。其中，电路仿真工具支持最先进的 5nm 量产工艺制程，处于国际领先水平；其他模拟电路设计 EDA 工具支持 28nm 工艺制程。

4. 制造段

我国集成电路制造产业重心主要位于长三角、京津冀、环渤海地区、中西部。在 01、02 专项等国家专项的支持下，我国集成电路制造技术已覆盖逻辑及模拟电路、存储器、特种器件的前道工艺和后道封装，14～7nm 逻辑电路、128 层三维闪存（3D NAND）、19nm 内存（DRAM）等制造工艺基本摆脱了对国外技术的依赖，自主研发能力大幅提升。其中，在先进逻辑电路制造方面，专项先后部署了"65/45/32nm 成套工艺研发与产业化""32～28nm 产品工艺开发""28nm CPU 专用工艺及 IP"等任务攻关。相比 2008 年专项启动之初（国内量产工艺 130nm，研发工艺 90nm），我国先进逻辑产品工艺已提升 6 代，65/55nm、45/40nm、32/28nm 节点成套工艺研发成功并实现量产，22/14nm 先导技术研发取得突破，并形成了自主知识产权。

据芯思想提供的数据，截至 2023 年 12 月，我国大陆地区 12 英寸、8 英寸和 6 英寸及以下的硅晶圆制造线共有 210 条。随着人工智能、汽车芯片等产业下游的需求牵引，目前我国 12 英寸晶圆制造产能仍在进一步扩建。国内晶圆制造厂包括中芯国际、华虹半导体、长江存储、积塔半导体等，其中国内最大的晶圆代工厂为中芯国际，最高工艺节点 14～12nm。2019 年中芯国际第一代 14nm FinFET 成功量产，2022 年，28nm 高压显示驱动工艺平台、55nm BCD 平台第一阶段、90nm BCD 工艺平台已完成研发。

5. 封测段

在集成电路产业中，封测领域技术壁垒相对较低，国内封测龙头厂商已进入国际第一梯队。从全球市场份额来看，排名前十的企业中有六家来自我国台湾地区，市占率高居榜首，总达 43.9%；我国大陆地区厂商市占率达 20.1%，按排名依次为长电科技、通富微电子、华天科技。我国大陆地区封装测试企业主要分布于长三角、珠三角等区域，其中前十强中有八家设厂在长三角地区，占比达到 55%；另外中西部地区增速明显，封测企业分布占比达 14%。

在集成电路封测市场方面，随着 2022 年半导体步入下行周期，目前产业回暖迹象仍不明朗。但值得注意的是，随着人工智能训练和推理对 GPU、CPU、FPGA、类脑芯片等高算力、高性能芯片的大量需求，为先进封装技术注入强大发展动能。目前以芯粒、三维异质异构集成为特征的先进封装技术受到广泛关注，长电科技、通富微电子、华天科技均已有 2.5D 先进封装生产线，预计未来会进一步加速布局 3D 等高端先进封装试验线。

总体来看，我国半导体产业链技术布局完整，关键设备和材料、制造工艺、封装技术等产业链关键环节已实现 0 到 1 的技术跨越，涌现了华为海思、中芯国际、长电科技、北方华创等一大批具有代表性的企业，并在封装等部分细分领域达到国际先进水平。随着以人工智能为代表的第四次工业革命的兴起，以及我国将步入产业换代升级的关键时期，预计未来半导体产业将在量子芯片、碳基电子、光通信、芯粒等战略性新兴产业方向进一步发展壮大。

第 2 章
人工智能在半导体产业中的应用

2.1 人工智能发展概述

人工智能（AI）作为当今世界最前沿的技术领域之一，正在以前所未有的速度改变着各行各业。它不仅是科学研究的热点，更是经济发展的新引擎。

2.1.1 人工智能技术的历史脉络与产业发展

人工智能概念的诞生可以追溯到 20 世纪 50 年代。1956 年，约翰·麦卡锡在达特茅斯会议上首次提出了"人工智能"这一术语，标志着人工智能研究的正式开始。早期的人工智能研究主要集中在逻辑和数学问题的求解上。直到 20 世纪 80 年代，人工智能的研究才逐渐转向实用性和应用性更强的方向，如专家系统、自然语言处理等，见表 2-1。

表 2-1 人工智能技术的历史脉络与产业发展

时间	人物/团队	里程碑事件/成就
1956 年	约翰·麦卡锡等	在达特茅斯会议中首次提出"人工智能"这一术语
1997 年	IBM 深蓝团队	深蓝计算机战胜了国际象棋世界冠军加里·卡斯帕罗夫，之后，人工智能技术迅速发展，逐步有人工智能产品面世
2016 年	DeepMind 的 AlphaGo 团队	AlphaGo 战胜了世界围棋冠军李世石，展示了深度学习在复杂策略游戏中的潜力

（续）

时间	人物/团队	里程碑事件/成就
2020 年	OpenAI 团队	发布了 GPT-3，拥有 1750 亿个参数，是当时最大的自然语言处理模型之一
2023 年	OpenAI 团队及其他创新团队	OpenAI 发布其下一代大型语言模型 GPT-4，各个创新团队相继发布自己的大模型，标志着大模型从实验室向产业落地

当前，随着计算能力的飞速提升和数据集的大规模增长，人工智能领域迎来了一个前所未有的爆发期。大模型凭借庞大的参数数量和复杂的网络结构，在多个领域取得了突破性进展，从智能助手到自动化决策系统，引领着产业的变革。

1）技术革新：大模型技术突破推动了人工智能领域的整体进步，加速了机器学习算法的研究和应用。

2）行业融合：人工智能技术不再局限于科技领域，而是与制造业、服务业、医疗健康等多个行业深度融合，推动了产业结构的优化升级。

3）商业模式创新：大模型的应用催生了新的商业模式，如 AI 即服务（AIaaS）、自动化内容生成等，为企业带来了新的盈利点。

2.1.2　人工智能产业的布局

目前，人工智能产业已经形成了一个完整的产业链条，从基础层的算力、数据，到技术层的算法、平台框架和应用技术，再到模型层通用大模型和行业大模型，应用层的智能产品与服务和行业应用场景，产业链环环相扣，互为支持见表 2-2。

表 2-2　人工智能产业布局

应用层	行业应用	智慧医疗	智慧金融	智慧教育
	智能产品与服务	智能机器人	智能运载工具	数字人

（续）

模型层	行业大模型	教育大模型	金融大模型	医疗大模型
	通用大模型	多模态大模型	单模态大模型：文本、语音、图片、视频	
技术层	应用技术	计算机视觉	自然语言处理	语音识别
	算法理论	机器学习	深度学习	强化学习
	平台框架	TensorFlow	PyTorch	MXNet
基础层	算力	AI 芯片	AI 服务器	智算中心
	数据	数据加工	数据标注	数据训练

2.1.3　我国人工智能产业的机遇与挑战

我国人工智能的蓬勃发展正在为各行各业带来全新赋能，为企业与个人的发展带来新机遇。相关数据显示，2023 年，我国生成式人工智能的企业采用率已达 15%，未来的市场发展空间巨大，将成为我国经济发展重要推动力。人工智能产业在快速发展的同时，也面临着诸如行业缺乏统一的标准体系、数据隐私和安全、算法偏见和透明度、就业结构变化等挑战。

2.1.4　人工智能的未来发展趋势

未来，人工智能的发展将有以下几个趋势：一是人工智能技术与各学科和各行业的进一步融合，实现跨学科的突破；二是人机协作的深化，人工智能将在更多领域与人类工作者协同工作；三是人工智能的普及化，随着技术的成熟和成本的降低，人工智能将更广泛地应用于日常生活和生产活动中。

总之，人工智能技术正经历翻天覆地的变革，人工智能产业正以前所未有的速度发展，将深刻影响我们的生活和工作方式，甚至重塑全球经济结构和产业格局。我们应持开放与包容的态度，积极拥抱人工智能的发展，并在实际应用中不断优化和完善。我们有理由相信，人工智能将为人类社会带来更加智能、高效和美好的未来。

⟨2.2⟩　人工智能的发展促进半导体产业的发展

人工智能的快速发展将对半导体产业产生深远影响，推动产业升级和技术创新。

2.2.1　芯片需求增长

人工智能技术的快速发展和广泛应用，正不断推动着芯片需求的增长。从云端的大型数据中心到边缘设备和终端用户设备，人工智能芯片的需求量呈现出了显著的上升趋势。人工智能对高性能计算芯片的需求不断增加，促进了半导体产业的技术进步和产能扩张。

云端人工智能芯片主要用于处理大规模的数据分析、模型训练和推理任务。随着大语言模型、图像识别、视频分析等应用的普及，对云端人工智能芯片的计算能力和效率要求越来越高。

边缘计算和终端设备，如智能手机、智能摄像头、智能汽车等，也需要人工智能芯片来实现本地化的数据处理和智能决策。这不仅可以减少对云端资源的依赖，还能提高响应速度和数据安全性。随着智能安防、无人驾驶、智能手机、智慧零售、智能机器人等行业的发展，对人工智能芯片的需求也在不断增长。

2.2.2　大规模数据处理需求

随着人工智能模型和应用的复杂性增加，对数据处理能力的需求也在不断提升。半导体产业需要开发更高效的数据处理器，以满足人工智能模型对大数据的处理需求。例如，向量数据库和嵌入存储技术的应用，可以提升人工智能模型的数据检索和处理效率，支持更大规模的数据集。

2.2.3 低功耗和高效能需求

随着人工智能应用的广泛推广，如何在保证性能的前提下降低能耗成为一个重要挑战。半导体产业需要研发低功耗、高效能的解决方案，以支持人工智能模型在各种设备上的部署。例如，使用先进的制程技术和优化的电路设计，可以有效降低人工智能芯片的能耗，同时提升其计算效率。

2.2.4 供应链变革

人工智能技术的应用将优化半导体产业的供应链管理，提高生产效率和降低成本。人工智能可以分析大量的供应链数据，预测市场趋势，优化库存管理，减少库存成本，并提高供应链的响应速度和灵活性。通过人工智能驱动的需求预测，企业可以更好地规划生产和物流。

人工智能技术可以用于监测和评估供应链中的潜在风险，如供应商可靠性、物流延迟等。通过实时数据分析，企业能够及时调整供应链策略，降低风险。

综上所述，人工智能技术的快速发展对半导体产业提出了新的需求，半导体产业需要不断创新，以满足这些需求，支持人工智能技术的持续进步和广泛应用。

2.3 人工智能在半导体设计中的应用

2.3.1 人工智能在半导体材料设计中的应用

人工智能通过智能算法极大推进了半导体产业的革新。随着超级计算机计算能力的显著增强以及算法的不断发展，人们通过材料模拟，只需花费实验研究所需时间的一小部分，就可以探索巨大数量候选功能材料的特性。

1. 材料信息检索

半导体材料的设计是通过理论计算，来预测新材料的组成、性能，或者在现有的材料基础之上通过理论计算设计具有特定功能的新材料。现代材料设计中必不可少的基础就是建立材料的性质数据库或数据集，利用人工智能技术从这些数据库或数据集中快速搜索并提取各类材料数据库中所存储的材料信息，如材料成分、物性参数、加工工艺等，为材料设计提供基础数据，大大提高了材料设计的效率。

2. 材料模拟与预测

半导体材料的设计离不开材料的性质、材料的结构以及材料的加工性能。利用人工智能技术可建立材料特性的预测模型和模拟方法。在材料设计中，建立了各种材料模拟和预测的人工智能模型，利用已建立的数据集对模型进行训练后，准确地预测了材料的机械性能、热学性质、电学性能等特性，设计人员利用预测结果可快速筛选合适的材料、确定材料成分和生产工艺，大大提高了材料设计效率并降低了生产成本。

3. 材料组成优化

成分、组织结构设计是材料设计的基本出发点，合适的材料组成是材料设计中不可或缺的环节。在现代材料成分的配比设计中，传统方法诸如如嵌入原子法、分子动力学法、蒙特卡洛法等，计算量大、设计人员投入精力多。而基于人工智能技术的材料组成配比优化方法，则是从数据库中筛选了一些备选组合方式，通过模型训练预测了不同成分配比的材料性质和性能快速地确定了最优化的材料组成方式。

4. 材料设计优化

优化是材料设计中的重要环节，具有非常重要的地位。

材料设计优化需要变革材料研发模式，目的是提高材料设计性能和效率、降低材料研发成本，缩短从材料发现到应用的时间。随着人工智能技术的发展，全球都掀起了将人工智能应用于材料设计的热潮。目前，许多公司都已成功地将人工智能应用在了实际的半导体材料的研发中，比如 IBM 结合人工智能和量子力学计算技术进行了光刻胶材料的研发，在一年时间内发现并合成了一种新的光刻胶用分子，一般意义上，要发现和合成一种新材料要花费十年时间，需要大量的资金投入，而 IBM 公司的研发团队借助于人工智能技术，短时间内完成了新材料的设计，算是破了纪录，这种效率和速度是人类科学家所无法完成的。

2.3.2　人工智能在半导体器件设计中的应用

1. 人工智能在 EDA 工具中的应用

在半导体产业的演变历程中，电子设计自动化（EDA）工具始终扮演着至关重要的角色。随着人工智能技术的兴起，EDA 工具正经历着一场深刻的变革，这场变革不仅标志着新质生产力的诞生，更预示着第四次工业革命在半导体领域的具体实践。

传统 EDA 工具在面对复杂芯片设计时，常受限于计算能力和算法效率，导致设计周期延长和研发成本增加。此外，随着市场对芯片性能和功耗要求的提高，EDA 工具亟须升级以满足这些新的挑战。人工智能技术的引入，特别是机器学习和深度学习算法，为 EDA 工具提供了强大的数据处理和模式识别能力。这些技术能够自动地执行复杂的设计任务，如布局布线、时序分析、功耗优化等，同时提供了更加精准的设计预测和决策支持。集成人工智能的 EDA 工具，使得参数调整更为智能，优化了芯片性能、减少了功耗，并缩短了设计周期。例如，在芯片的物理设计阶段，利用 AI 算法可快速评估不同设计方案的可行性和效率，为工程师提供最优解；通过历史数据学习，可准确预测设计过程中可能出现的问题，减少设计差错率的同时优化了设计流程。智能 EDA 的出现，使得半导体产业发展对人工智能人才需求快速增加，促进了人工智能技术专业人才培养与行业产业的紧密合作，进一步协同推进了 EDA 工具的创新发展。

人工智能、EDA 工具与人才培养，形成了联动发展、协同共进新生态。人工智能技术不仅推动了半导体设计技术的革新，也为整个产业链的升级和发展提供了新的动力；半导体技术持续发展，又促进了生成式人工智能诞生。

2. 人工智能在电路板设计中的应用

随着近年来 Chat GPT 的大热，人工智能迅速火出圈，引起了各界的极大关注，也激发了半导体产业对人工智能器件的市场需求，全球迎来了一波以人工智能为引领的科技浪潮。实际上，除了当下火热的 Chat GPT 等被应用于文本和图像生产外，半导体器件设计领域也逐渐引入了人工智能技术。

在设计阶段，人工智能不仅可以实现更高效、更精确的芯片设计，而且还能推动工艺提升，延续摩尔定律。尽管考虑经济效益，可以采用 3D IC 和先进封装设计，但对散热、信号完整性、电磁效应、良率和可靠性都产生一系列的挑战，基于传统设计流程已然难以应对挑战。同时传统的芯片设计方法非常依赖人工经验且在高级别的集成电路设计中，需要进行大量的、复杂的优化，效率低下，错误率高。人工智能技术能够通过机器学习来自动化设计流程，从而提高设计效率，降低错误率，提高芯片的性能和能效。

当下半导体产业的设计工具需更快地响应新需求，需要更进一步的智能化，实现多运算、多引擎，从而加快器件的迭代速度，支撑半导体产业后摩尔时代的发展。利用大语言模型技术将生成式人工智能扩展到设计流程中，可以有效提升验证和调试效率，加速从 IP 到子系统再到 SoC 级的代码迭代、收敛。从而使得用户可以轻松管理设计复杂性越来越高的新兴消费、超大规模计算、5G 通信、汽车电子和移动等相关应用。此外，用户在使用模拟/数字/PCB 实现、验证和分析软件（甚至第三方应用）时，还可以通过人工智能来统一部署其所有的大数据分析任务。

在布局布线工作中，利用人工智能算法，以提升 Floorplan 的效率和质量。Project Virtus 工具通过机器学习解决了 EM-IR 和 Timing 之间的相互影响；还有 Signoff Timing 和 SmartLEC 等工具，都嵌入了人工智能算法。例如，

Synopsys 在 2020 年推出了业界首个用于器件设计的自主人工智能应用程序——DSO.ai（Design Space Optimization AI）。作为一款人工智能和推理引擎，DSO.ai 能够在器件设计的巨大求解空间里搜索优化目标。该解决方案大规模扩展了对器件设计流程选项的探索，并能够自主执行次要决策，帮助器件设计团队以专家级水平进行操作，大幅提高整体生产力，从而在器件设计领域掀起新一轮革命。

将人工智能技术与半导体器件设计环节结合，有两个核心价值：首先是更加智能，减少重复且繁杂的工作，让使用者用相同甚至更短时间设计出更好的器件；其次是大幅降低使用者的门槛，在一定程度上缓解了专业人才短缺的问题。

3. 芯片设计与性能优化的人工智能方法

近年来，人工智能技术尤其是机器学习和深度学习为芯片设计提供了全新的视角。人工智能技术在芯片设计中得到广泛应用，极大提升了效率和性能。

结合人工智能的芯片设计与性能优化的方法主要包括：基于机器学习的电路设计优化，即使用神经网络模型学习历史数据，自动生成优化后的电路拓扑和参数，该方法有助于大幅缩短芯片设计周期；基于强化学习的布局布线优化，即智能代理学习最优布局策略，无须大量手动调整，该方法已经可以处理较为复杂的芯片结构；基于深度学习的工艺建模与预测，可准确地预测先进工艺下的器件特性，指导工艺参数优化；基于热流分析的智能温度管理，利用热流仿真和强化学习，自动优化了散热方案，精准控制了芯片温度。

结合人工智能的芯片设计与性能优化方法大幅提升了芯片设计自动化水平，减轻了设计者的负担，是未来芯片设计的辅助力量。人工智能方法提高了设计速度、降低了成本，并通过算法优化提升了芯片性能。与此同时，应用人工智能技术产生的风险与挑战仍不可忽视，比如由于依赖于数据质量和数量，可能存在过拟合等问题。此外，人工智能算法的决策过程可能不如传统方法透明，也增加了额外的验证需求。

　　基于以上分析，我们可以看到芯片设计领域正处于一个转型的关键时期，传统方法和基于人工智能的新方法各有优势与挑战。随着技术的不断发展，未来芯片产业将更多地依赖于智能化和自动化技术，以应对快速变化的市场需求和环境挑战。

2.3.3　人工智能在半导体制造中的应用

1. 人工智能推进了半导体生产线自动化和智能化

　　半导体是一门复杂的学科，Fab厂代表着工艺的最高水准，一片晶圆从投入到产出要经历几百台设备的几百乃至几千道工艺，以普通的MOSFET器件为例，在晶圆加工环节需要进行若干次光刻工艺，经过三十多台设备一百多道工艺才能完成，而即使对同一个加工工艺环节，并且每次经过该环节时的加工工艺也会存在不同情况，完全依靠人去管理是几乎不可能完成的挑战。必须依靠数字化系统的辅助，高效协同生产任务，利用自动化、智能化系统自主判断所需要的生产环节，以及每次经过该环节所需的加工工艺。因此，人工智能技术在半导体生产制造中扮演着关键角色。通过人工智能技术的运用，为半导体集成制造系统等工业软件赋能实现智能化的生产管理，并利用生成式人工智能模型技术使集成管理系统拥有了自主学习、自动调整、自动反馈能力，从而提高了生产过程的稳定性和精确性。

　　● 基于数据驱动的工艺优化

　　将生产设备的运转率、工艺等待时间、各工序良品率等数据实时汇总，通过人工智能算法为工艺工程师提供了不同工艺参数的性能对比与优化方向，为优化工艺、突破产能瓶颈提供了坚实的数据基础，提升工艺设计的合理性。同时，运用人工智能算法挖掘历史工艺参数与产线性能数据之间的关系，形成了工艺预测模型。在创建新的工艺链后，使用工艺模型进行工艺流程模拟，在新工艺链正式生产前完成了产线节拍分析、产能瓶颈仿真分析等工作，压缩了新产品试产时间。

- 生产数据实时处理

晶圆在生产过程中，会产生大量的生产数据，不少数据有时效性要求。以 CMP 工艺环节为例，其晶圆加工性能随着耗材的使用时间是不断变化的，如果不能及时分析收集上来的数据，对生产配方进行及时调整，会造成产品加工异常。因此，晶圆产线需要在第一时间进行数据收集、分析和处理，这是仅靠人力无法及时完成的。通过人工智能技术可自动收集并处理相关数据，并把处理结果及时推送并提醒给相关人员，实现更加高效的生产要求。

- 诊断与模拟

通过数据建模、机器学习等先进技术，进行基于人工智能的分析、诊断、预测和模拟，实现了机器视觉的缺陷检测，以及带有 ARIMA 特点的机台工艺参数历史数据分析，以及基于深度学习神经网络的异常点检测等。

- 设备健康监测与预测性维护

半导体设备加工精度高、产能大，晶圆的成本高，因此，机台需要得到及时维护，确保晶圆的加工质量。利用工业软件与人工智能的结合，可实时收集机台的状态及机台各个部件、耗材的使用时间，并基于人工智能模型自动判断维护条件，及时提醒工作人员对机台进行维护，避免了人工统计效率低下而出现过度维护或维护不足等问题。

2. 人工智能与远程控制技术的融合创新策略提升效率与智能化水平

1）远程智能管控。通过引入人工智能技术，生产线实现了实时远程监控与控制，显著减少了对现场人员的依赖，缩短了设备因等待人工介入而产生的停机时间。

2）AI+RPA 自动化操作。融合机器人流程自动化（RPA）与人工智能，可创建"数字化员工"，这些虚拟助手可自主执行复杂的设备操控任务，如按需调整工艺参数、执行预防性维护计划，从而进一步提升了操作的智能化水平。

3）专家智慧传承。将资深工程师和专家的宝贵经验转化为算法模型，嵌入人工智能系统中，使设备能够基于预设规则自动调整参数、识别并解决常见故障，从而实现了全自动化运行与维护的目标。

4）AIGC 大模型与经验数据库建设。运用先进的人工智能生成内容技术，可构建一个包含历史案例、故障解决方案和最佳实践的设备管理经验数据库，并通过机器学习持续优化决策逻辑。

5）效率评估体系。构建一套科学的设备综合效率（Overall Equipment Effectiveness, OEE）评估方法，通过量化的指标来精确衡量人工智能系统在提升设备生产效率、减少浪费方面的实际效果。

6）全面实时数据采集。所有生产设备接入物联网（IoT），不间断地收集运行数据，包括设备状态、生产进度、能耗等，为远程监控和分析奠定基础。

7）Gem 协议与 RCM 技术结合。利用通用设备通信标准（如 Gem 协议）与远程控制管理（RCM）技术，实现了对设备的远程编程、诊断与修复，即使物理距离遥远，也能迅速响应设备需求。

通过人工智能和远程技术的深度整合，半导体生产线不仅实现了高效、精准的远程控制和维护，还能在降低成本、提升设备利用率的同时，促进了生产流程的持续优化和智能化升级，为整个半导体产业的高质量发展提供了强大的技术支撑。

3. 人工智能推进了半导体制造设备智能化和集成化

随着摩尔定律的发展，芯片生产工艺越来越复杂，芯片电路单元的尺寸越小，生产过程中就越容易出现各种缺陷。这就需要在生产过程中及早发现缺陷、及时查找缺陷原因、丢弃缺陷样本，才能防止缺陷晶粒继续加工，影响良率和生产率。随着线宽的不断缩小，曾经无害的微小颗粒变成影响良率的主要问题，同时也使得检测与缺陷校正的难度日益增加。同样，3D 晶体管的形成和多重工艺技术也带来了细微变化，导致降低良率的缺陷成倍增加。

在这种趋势下，通过人工智能技术加强半导体制造设备智能化和集成化的方式，可推进半导体产业的发展，从而提高工艺水平，提升良率。从这一点来说，将人工智能融入其流程已成为产业新常态。

2023 年据韩国相关研究机构调查显示，包括 ASML、应用材料（AMAT）、泛林集团（Lam Research）、东京电子（TEL）和科磊（KLA）在内的全球前十大设备企业总共申请了 269 项与半导体设备相关的人工智能方向的技术专利。KLA 拥有 83 项专利，位居榜首；ASML 拥有 60 项专利，日立高新技术拥有 38 项专利，应用材料拥有 25 项专利，具体见表 2-3。

表 2-3　2021—2023 年主要半导体设备公司持有的人工智能相关专利数量

序　　号	半导体设备公司	申请 AI 相关专利数量
1	KLA	83
2	ASML	60
3	Hitachi High-Tech	38
4	AMAT	25
5	ASM	24
6	Lam Research	15
7	TEL	12
8	Screen	6
9	Advantest	5
10	Kokusai	1
11	Semes	7
12	KCTech	3
13	PSK	1

来源：NIS，KSDET，Compiled by Digitimes，December 2023。

2021 年，著名的半导体设备企业应用材料公司（AMAT）便推出了基于大数据和人工智能的 ExtractAI。这项技术将由光学检测系统生成的大数据与对特定良率信号进行分类的电子束检测系统进行实时连接，从而推断 Enlight

系统解决了所有晶圆图的信号，实现了降低良率的缺陷与噪声区分。Extract-AI 技术仅通过对千分之一样品的检测，就能在晶圆缺陷图上描绘所有潜在缺陷的特征，获得一个可操作的已分类缺陷晶圆图，有效提升了半导体节点发展速度、爬坡和良率。

　　在电子束方面，KLA 在 2020 年推出的 eSL10 电子束图案化晶圆缺陷检查系统也导入了深度学习算法。凭借其先进的人工智能系统，eSL10 能满足 IC 制造商不断发展的检测要求，杜绝了对器件性能影响最关键的缺陷。

　　除了在制造环节的晶圆缺陷检测外，人工智能技术也逐渐渗透到了封装测试环节的缺陷检测中。2020 年，KLA 推出了 Kronos1190 晶圆级封装检测系统、ICOS F160XP 芯片分拣和检测系统以及下一代的 ICOS T3/T7 系列封装集成电路（IC）组件检测及量测系统。新设备中采用人工智能解决方案，提高了良率和质量并推动了半导体封装创新。总而言之，传统上对光学和电子束缺陷图像的检测需要人工干预来验证缺陷类型。人工智能系统学习和适应，实现了快速分类和识别缺陷，减少了错误并且不会减缓生产速度。

　　目前，人工智能主要在三个方面对半导体设备起到积极推动作用：第一，智能化制造流程及其设备：在半导体制造领域，人工智能实现了高精度的质量控制，缩短了产品上市时间，并提高了市场竞争力。智能制造设备和流程的集成，如机器视觉自动化检测，提升了生产线的速度和制造精度。第二，质量控制与检测及其设备：人工智能在缺陷检测与图像处理技术方面显著提升了检测的速度和准确性，减少了意外停机时间。第三，工艺开发与优化及其设备：人工智能在数据分析和机器学习方面的能力加速了半导体工艺的开发过程，降低了研发周期和成本。

　　人工智能与半导体设备在智能化和集成化方面的结合，是当前技术发展的一个重要趋势，其在半导体设备智能化和集成化方面发挥着关键作用，不仅提升了设计和制造的效率，还推动了整个半导体产业的创新和发展。

2.3.4 人工智能在半导体封测和质量控制中的应用

1. 半导体封测中的人工智能方法

人工智能将贯穿半导体制造环节的各个工艺流程，以充分发挥其优越的对数据的处理能力、深度学习能力、计算能力，从而提升优化半导体的生产效率以及准确性。

在测试数据处理方面，随着半导体器件变得更密集、复杂，公差越来越小，需要更准确和精确的测试，而在测试过程中又会产生大量的数据，尤其是随着芯片工艺越来越复杂，相应的测试步骤也将成倍增加，测试成本也将随之提升，数据量也将呈指数级增加，利用人工智能技术来挖掘数据，分析产品的质量，将大大提高测试效率，使测试方法更加灵活和可扩展。

在芯片制造领域，人工智能技术也已发挥着重要作用。例如，随着集成电路器件尺寸的缩小，光刻技术面临挑战，光学邻近校正（OPC）技术应运而生。基于模型的 OPC 需要精确的光刻建模，而深度学习技术，特别是卷积神经网络（CNN）应用于 OPC 领域，大幅提升了模型的准确性。

在缺陷检测方面，随着芯片生产工艺的复杂化，新型半导体器件不断走向规模生产，使得对缺陷的早期发现和排除变得至关重要，尤其是化合物半导体缺陷种类多（如三角形、滴落物、划痕、划伤、颗粒、层错、位错等），实际检测经常出现漏检、误检、不准确等状况。应用人工智能技术，特别是深度学习算法，在实际检测过程中可根据缺陷的特征不断修正算法，提升了晶圆缺陷的识别率以及准确性。

在图形检测方面，半导体制程中的光刻、显影、刻蚀、划片等工艺以及封装后都需要进行图形缺陷检测，而基于人工智能的图形检测系统提高了图形识别度以及生产效率。

在可靠性方面，由于影响芯片可靠性的因素是多样的，可能来自于任意一个制程段的缺陷影响。通过大数据积累和可靠性测试试验，基于人工智能和数据挖掘技术,建立了芯片可靠性分析模型,找出了影响芯片可靠性的关键因素,为制程工艺指出了改进方向,提升了芯片良率和可靠性。

基于人工智能的海量数据分析能力,建立了缺陷测试可追溯系统,整合了半导体整个生产过程的数据,建设了全产业链缺陷数据互联分析平台,把检测设备采集的缺陷数据进行了统一整理和存储。

由于各设备之间存在坐标对齐问题,尤其是碳化硅在加工过程中存在翘曲、缺陷漂移等问题,如何将缺陷进行对齐和关联存在较高技术壁垒。基于人工智能和大数据分析技术,寻找到了有效模式,对采集的数据进行了对齐和校正,为下一步可靠性分析奠定了基础。

2. 半导体质量控制的人工智能方法

随着半导体制造精密度与复杂度日益增加,半导体制造过程包含多个步骤,如晶圆制备、集成电路制造和封装测试。近年来,几乎所有半导体制造设备在生产过程中都配备了传感器,但产生的数据量巨大,难以依靠人工来实现实时检测生产故障。在这种情况下,人工智能为生产过程质量控制自动实时智能检测提供了可能。通过机器学习和图像识别技术,以及卷积神经网络(CNN)、贝叶斯网络、YOLO等人工智能算法对器件质量缺陷进行了实时决策判定,及时发现了半导体器件质量异常情况,并迅速采取措施进行了调整。其主要方法有以下几点:

• 基于深度学习算法建立高效预测模型

该预测模型基于半导体生产历史数据,包括传感器数据、工艺参数、物理特性等,结合这些多模态数据,通过综合分析不同数据源之间的关联性,预测半导体器件在不同生产条件下的产品质量表现。通过深度学习算法和模式识别技术,可使用人工智能识别出潜在质量问题模型,例如特定工艺参数与产品缺陷之间关联,及时预测可能发生的质量问题。通过传感器和高清摄像设备获取数据,人工智能算法可在极短时间内完成对芯片的全面检测;通过海量的学习数据和训练模型,可对半导体芯片制造过程中的缺陷进行自动检测和分类，每小时产能提升到数千片芯片，同时也显著提高了制造精度，缺陷率降低了约 0.1%。例如，利用传感器数据监测器件制造过程中的工艺参数变化，结合图像数据分析器件表面的缺陷情况，可实现对器件质量的全方位监控和分析。再如对半导体晶圆边缘进行自动检测和分类，系统会自动调整光刻机的曝光参数，以确保下一批次的晶圆质量符合要求，从而大大提升了检测效率和晶圆的良率。

●监测关键参数和质量指标实现实时质量控制

在半导体生产过程中，人工智能系统通过持续监测关键参数和质量指标，实现了对生产流程的智能化质量控制。这些系统利用先进的传感器和数据分析技术，实时收集了设备运行数据，并通过智能算法对这些数据进行了深入分析，以预测和识别潜在的质量问题。当系统检测到任何异常或偏离预定的质量标准时，它会立即发出警报，通知相关人员采取相应的控制措施，以防止质量问题的发生。这种即时响应机制大大减少了由于人为疏忽或其他因素导致的质量问题，从而提高了整个生产过程的效率和可靠性。例如，氧化工艺中对炉温和振动数据等关键参数的智能分析，人工智能系统可以在故障发生前的 48 小时内发出警报，让维修团队可以提前介入，进行预测性维护。这种预测性维护不仅减少了约 50% 的意外停机时间，还降低了维修成本，提高了设备的可用性和寿命。

●优化生产过程中的质量管理追溯和分析

在半导体制造过程中，涉及众多参数和变量，它们之间的相互作用极为复杂。传统的优化方法往往需要大量的人工经验和试验来确定最佳的工艺参数组合。通过分析质量数据和生产过程中的变化，人工智能系统可识别出影响产品质量的关键因素，并提出相应的改进方案。例如，人工智能系统已提升了 MES 的精确追溯能力，通过深度学习模型对大量数据进行分析，快速定位问题源头。建立质量数据的数据库和知识图谱追溯产品质量问题根源，并分析其发生的原因和影响，从而帮助制造商采取有效的改进措施，避免了类似问题再次发生。

综上所述，人工智能技术在改进半导体产品质量的预测和控制方面具有巨大的潜力和应用前景。通过实时数据分析、智能算法优化和智能化制造流程，半导体制造业得以提升生产效率、降低成本、改善产品质量。通过建立预测模型、实现实时控制、优化管理策略和追溯分析，人工智能助推半导体制造商提高了产品的质量水平、降低了生产成本、增强了市场竞争力。

2.3.5　人工智能在半导体企业管理中的应用

半导体产业链因其高度的复杂性和精细化的要求，对企业管理提出了巨大的挑战。近年来，人工智能技术的快速发展为半导体产业链的企业管理带来深远影响。人工智能产品在需求预测、供应链管理、生产优化、人力资源管理、决策支持、网络安全等方面发挥着重要作用，这些产品的推出，不仅提升了生产效率、降低了成本，还优化了供应链、提高了客户满意度，并加强了风险管理，显著提升了半导体产业链企业的运营效率和市场竞争力。

1. 需求预测与供应链管理

人工智能技术通过对大量市场数据、消费者行为数据以及销售数据进行分析，可帮助企业更准确地预测市场需求，从而优化库存管理，降低库存成本，提高库存周转率。此外，人工智能技术在供应链管理中，实现了供应链的自动化、智能化，提高了供应链的响应速度和灵活性。通过人工智能技术，企业可以更加精准地预测原材料的需求量和供应时间，从而优化库存管理，降低库存成本，如德国的 SAP 的 Leonardo 物联网平台等。

2. 生产计划与制造过程优化

人工智能技术通过机器学习算法对生产过程中的数据进行分析，帮助企业优化了生产计划，提高了生产效率。例如，通过预测设备的维护周期，减少了设备故障率，降低了生产成本。同时，人工智能技术在制造过程中，实现了自动化生产、智能制造，提高了产品质量和生产效率。例如，GE Digital 推出的 Predix 平台用于生产优化，IBM 的 Watson IoT 则是用于半导体设备制造商能够实时监控设备的运行状态，并进行预测性分析。

3. 质量管理与检测

人工智能技术通过图像识别、自然语言处理等技术，对半导体产品的质量进行了检测和评估。这不仅提高了检测的准确性和效率，还降低了检测成本。此外，人工智能技术还通过对产品质量数据进行分析，帮助企业发现生产过程中的问题，及时采取措施进行改进。例如，KLA 公司推出的 eSL10 电子束图案化晶圆缺陷检查系统也运用了深度学习算法；AMAT 推出的 Extract-AI 技术，通过实时连接光学检测系统生成的大数据和电子束检测系统，迅速且精确地辨别降低了良率的缺陷。

4. 网络安全与风险管理方面

人工智能技术已经显示出了其非凡的自我学习能力。通过运用人工智能技术能够实时监控网络流量，并迅速识别出网络中的异常行为，为企业提供了一个强大的支持系统，使得它们可以快速地发现网络威胁，并有效地应对这些威胁。通过这种方式，企业的网络安全防御能力得到了显著提升，同时也大大减少了数据泄露的风险以及遭遇黑客攻击的可能性。如 Darktrace 和 Cylance 等科技公司都推出了类似于"企业免疫系统"的产品，旨在保护企业网络免受内外威胁。这些系统可以部署在企业网络中，监听网络异常行为。当检测到可疑活动时，这些工具能够提醒 IT 经理，并在必要时自动触发保护措施来减缓或阻止攻击。

综上所述，人工智能在半导体产业链企业管理中的应用已经取得了显著的成果。通过集成这些先进的人工智能工具和解决方案，企业能够实现更高效、更智能的管理，推动半导体产业的持续创新和发展。未来，随着人工智能技术的不断进步和完善，其在半导体产业链企业管理中的应用将会更加广泛和深入。

第 3 章
人工智能对半导体产业未来发展的影响

3.1　人工智能促进各个行业发生变革

　　人工智能技术演进是一个持续不断的过程，从早期的规则系统和专家系统，到现代的深度学习和神经网络。特别是自 2010 年以来，深度学习技术的发展极大地推动了人工智能大模型技术的进步。关键技术如 Transformer 架构，以其在自然语言处理和计算机视觉等领域的卓越性能，成为人工智能大模型的核心技术之一。2023 年以来，生成式人工智能技术如 GPT-4o、DALL-E 等广泛应用于各种业务功能和产品开发中，这些技术的广泛应用不仅提升了产品和服务的开发效率，还推动了新型人工智能产品的创新和市场拓展。

　　2024 年大模型开始迈入多模态时代。GPT-4o 能够同时处理和理解多种数据形式（如文本、图像和视频），这为复杂的多模态任务提供了新的解决方案。例如，在医疗领域，GPT-4o 可以结合医学影像和病历文本数据，提供更为准确的诊断和治疗建议；在自动驾驶领域，GPT-4o 能够综合分析车辆的传感器数据和道路环境，提升自动驾驶系统的安全性和可靠性。

　　开源人工智能模型的崛起也是人工智能技术发展的重要趋势。开源社区通过共享代码和模型，加速了人工智能技术的普及和创新。2023 年，开源人工智能模型的数量显著增加，开源社区的贡献使得更多企业和研究机构能够利用最新的人工智能技术，推动其在各自领域的应用。

3.2 人工智能对半导体产业链的影响

3.2.1 推动半导体材料发展

半导体材料是半导体产业的重要支撑，半导体作为人工智能算力核心，成为各国博弈的焦点之一。人工智能的应用和发展对半导体材料的要求越来越高，包括高性能、低功耗等方面。这促使半导体产业要不断研发新的材料、结构和制造工艺，以满足人工智能对高性能芯片的需求。人工智能的蓬勃发展使得在数据中心的电源中采用 SiC 或 GaN 等第三代半导体材料的解决方案可以显著降低功耗。新型半导体材料如碳纳米管、二维材料等也被引入半导体制造，以提高器件性能和降低功耗。

人工智能在半导体材料检测分析及数据分析方面具有强大能力，能够加速材料的筛选和设计过程，从而显著降低研发周期和成本，助力国产半导体材料研发创新。

1. 设计与合成

人工智能可辅助半导体材料的设计和合成过程。通过机器学习和深度学习算法，人工智能能够预测材料的性能，优化材料的组成和结构，从而加快新材料的研发速度。自 2019 年，新加坡南洋理工大学、美国麻省理工学院和俄罗斯斯科尔科沃科学技术研究所的科学家合作开发机器学习方法，能够预测和设计半导体材料性能以来，后续研究团队开发的机器学习算法，能够准确地预测出应变对金刚石半导体材料带隙的影响，从而能够精确地定制材料性能。该机器学习算法除了可以预测半导体材料的带隙之外，还可以用于预测半导体材料的电学、光学和磁学行为，从而更好地应用于通信、信息处理和能源等领域。

2. 缺陷检测

半导体材料中的缺陷对其性能有很大影响，人工智能为半导体材料缺陷检测提供了新途径。2023年上海国际半导体展览会上，苏州某半导体企业展出了多款智能化半导体检测设备。晶圆外观检测设备能够实现产线全自动化生产，应用于晶圆外观缺陷检测、关键尺寸量测，同时可选配3D检测、晶圆背面检测及边缘检测等。人工智能技术用于半导体材料缺陷的自动检测和分类，可以提高检测效率和准确性。

3. 数据分析与处理

半导体材料的分析涉及大量的数据。在缺陷检测与图像处理方面，人工智能可处理和分析半导体检测数据，例如通过图像识别技术分析半导体材料的晶体结构、缺陷等。人工智能检测设备可采用智能视觉检测算法，完成半导体材料或晶圆外观缺陷的检测及分类，用于缺陷异常的演化分析。与传统人工半导体材料分析方法相比较，人工智能可显著提升检测的速度和准确性，且能够更好地协助工艺工程师分析异常，提升良率。

3.2.2 半导体生产设备的变化

人工智能技术为半导体设备产业带来了深刻的影响，使得设备更智能，分析来看可以归结为以下几个方面：

1）在半导体制造设备方面，利用人工智能技术与大数据结合，使得半导体产业能够实现集成电路的虚拟制造，使所有生产工艺不再依赖于需大量投入的半导体设备，而是仅在核心工艺上使用核心设备来进行实际的生产。这样的产业创新可以大幅降低对传统"设计、流片、测试"研发模式的依赖，从而提高研发效率并减少设备成本，加速新工艺的研发。

2）在半导体设备优化方面，人工智能大数据驱动半导体制造过程及其设备优化。通过收集和分析设备生产数据，人工智能算法能够预测并优化制造参数，这可以减少约15%的原材料浪费，同时降低能耗。例如，通过优化硅晶片生长过程，可以减少高达20%的能源消耗。

3）在半导体检测设备方面，通过机器学习等人工智能技术使半导体制造设备在产品检测方面更加数字化、智能化，并且可实现数字追溯，显著提升检测的速度和准确性。利用高级算法，系统能够在几秒的时间内完成对芯片的全面检查，比传统方法快了近 100 倍，同时检测准确率提高到 99.9%。使得产品的质量和良率大大提升。

4）在半导体设备生产、维护方面，通过人工智能，可以对设备生产、维护等方面进行监控，可预见性地进行故障预警等。

综合来看，人工智能在半导体设备的应用，不仅优化了生产效率和产品质量，还带来了成本的大幅下降。随着人工智能技术的进一步发展，半导体设备将更加智能化，给产业带来更加深刻的影响。

3.2.3　设计和开发环节的变化

半导体设计和开发一直以来都是一个高度复杂且依赖人力和经验的环节。传统上，半导体工艺的开发都是由工程师通过试错来完成，效率低下、成本高。随着人工智能技术的引入，这一状况正在发生深刻的变化。

人工智能技术在电路设计中发挥了重要作用。利用机器学习算法，人工智能能够分析和处理大量历史设计数据，提取有效的设计规则和优化策略，让电路设计更加高效。版图设计同样因人工智能技术的应用更加便捷。传统的版图设计需要工程师根据设计规则手动进行调整，耗费大量时间和精力，但是通过深度学习算法，能够快速学习设计规则和约束条件，实现自动化版图生成，并根据设计需求自动调整版图结构。

在开发环节，人工智能主要应用于制造工艺的开发和优化。半导体制造过程复杂且耗时，传统上需要通过大量实验来确定最佳工艺参数，这一过程既耗时又成本高昂。通过机器学习可以快速找到最佳的工艺参数组合，能够提高生产效率和产品质量。

人机协作的模式在半导体设计和开发中表现出显著优势。研究表明，工程师在早期开发阶段的经验和直觉对于找到初步解决方案至关重要，而人工智能在后期的精细调整阶段则表现更为出色。因此，最优的方式是结合人类工程师的经验和人工智能的强大数据处理能力，在初期由人类工程师进行大方向的设计和调整，随后由人工智能进行细节优化和参数调整。随着人工智能算法能力不断增强，它将逐步替代部分人工设计和开发任务。

3.2.4　半导体制造环节的变化

人工智能为半导体制造带来重大影响。半导体芯片制造过程极为复杂，各个工艺环节之间关系密切，且需要大量技术人员参与过程监控以及参数调整。但是，随着人工智能技术（如深度学习）在感知、决策和控制等方面的应用，半导体制造商开始将其应用于先进处理工艺监控和优化中。

人工智能在半导体制造环节中的应用引发了显著的变革，使得生产过程更加智能化和高效化。通过对历史大数据训练，人工智能系统可以找出各个工艺过程中的内在规律与影响因素。人工智能还可以实时获取工艺设备各项运行参数，对比历史优良样本，辅助预测参数的最佳组合，显著提高生产效率。

自动化生产流程实现。随着人工智能在视觉、运动学等技术中的不断成熟，许多重复性强但难以数字化的工艺，如材料传送、检测等步骤，都有可能通过计算机视觉、运动学等技术实现自动化。未来，半导体公司可以基于这些技术，建立起基于智能系统的智能工厂，大幅提高生产效率和质量稳定性。

人工智能技术已经开始推动半导体制造行业实现无人工厂。随着物联网和人工智能技术的结合，未来的半导体制造厂商很可能实现完全自动化操作，从原材料处理到成品包装，整个生产流程由智能系统自动控制，不需要人工操作。

3.2.5　半导体封装方式的多样化

算力正改变世界经济增长模式。2021—2022 年全球计算力指数评估报告显示，计算力指数每提高 1%，数字经济增长 0.35%，GDP 增长 0.18%，数字经济增长以及 GDP 增长与计算力指数的增加呈现愈发明显的正相关关系。

据 OpenAI 发布的报告显示，Chat GPT 大模型训练所需算力每 3~4 个月增长 1 倍，增速远超摩尔定律（单片集成电路上晶体管数量每 18~24 个月翻一番的速度）。从集成电路技术趋势看，传统基于摩尔定律的集成电路发展路径遭遇了物理和成本两方面瓶颈，单纯依靠提高工艺节点来增加晶体管数量，提升芯片性能的方法已经无法满足对算力、存力更高的需求。当前集成电路技术发展的驱动力，已经由摩尔定律"特征尺寸的缩小"转变为"功能密度和性能密度"集成，前道制造和后道封测的界限变得越发模糊，平面封装也逐步发展为 2.5D/3D 集成先进封装。所有对集成度要求高、对功耗要求低、对带宽要求高的高性能芯片产品都会走向"异质异构+先进封装"路线，而百万级连线、功能完整的三维异构集成芯片将会成为高算力、高性能人工智能芯片的理想形态。

人工智能对算力需求促进了半导体产业界从传统集成电路的延续摩尔定律发展路径，转变为通过三维堆叠、异构集成实现高密度互连的先进封装技术路径。而先进封装技术为"大算力"时代的高性能、高集成密度芯片提供了创新性的解决方案，对提高我国大工业基础制造能力具有重要意义，同时促进了高端数据中心、智能计算中心等算力基础设施的建设，有力推动了我国数字经济持续创新发展。

3.2.6　测试向自动化方向发展

在测试过程中，采用深度学习算法可以提高缺陷检测的准确率，提升测试质量和效率。传统的检测通常只能依靠人工去识别，检测精度和效率难免受到个体差异的影响。通过训练获得的模型具有更强大精准的模式识别能力，可以实现自动化缺陷分类诊断。同时还可以提供缺陷形貌分析，为问题排除提供依据。

1. 自动化测试准备

引入人工智能技术后，测试设备能够通过机器学习算法学习并记忆过往的测试配置和流程，自动识别并执行相似任务，如自动设定测试环境参数、自动匹配测试程序，显著降低人工准备时间，提高测试的灵活性和响应速度。

2. 优化测试策略

基于大数据的深入分析，人工智能能为每一批次的产品定制最有效的测试策略。通过对历史测试数据的学习，人工智能能识别出哪些测试项目对特定产品类型最为关键，哪些测试可能是过度的。通过智能调整测试计划，不仅能有效减少测试时间，还能确保测试的针对性和有效性。

3. 实时数据分析与反馈

在测试执行过程中，人工智能系统实时收集测试数据并运用先进的算法进行分析，即时发现异常数据模式，快速反馈给生产管理团队，便于及时调整生产线参数或采取纠正措施。这种即时反馈机制大大缩短了从发现问题到解决问题的周期，提升了整个生产链的响应速度和灵活性。

第 2 篇

人才篇

第 4 章
人工智能时代半导体产业的人才需求

4.1 半导体产业人才需求概况

半导体产业作为现代科技产业的基石，其人才需求一直备受关注。在产业人才数量需求方面，随着全球科技产业的快速发展和我国半导体产业政策的支持，产业规模持续扩大，带动人才基数增长，但增长速度正逐步趋向平稳；同时，产业链各环节的人才分布出现了"前中端重，后端轻"的新布局，反映了产业对创新设计与先进制造的侧重。在专业人才结构性需求方面，半导体产业对人才的需求呈现出多元化和层次化的特点。从产业链各环节来看，设计业、制造业、封装测试业以及设备与材料领域等各个环节都需要不同类型的人才来支撑其发展。同时，随着技术的不断进步和产业的升级，对高端人才的需求也愈发迫切。在岗位人才及其能力结构要求方面，半导体产业对人才的要求不仅局限于专业知识和技能方面，而是更注重人才的综合素质和能力。随着技术的不断迭代和产业的不断发展，对人才的要求也越来越高，需要具备更强的学习能力、创新能力和团队协作能力等。

本书将我国半导体产业人才需求情况从产业人才数量需求、专业人才结构性需求以及岗位人才及其能力结构要求三个方面进行详细的探讨和分析。

4.1.1 产业人才数量需求

人才是产业发展的第一资源，是推动产业转型升级的内生动力，在半导体产业发展中占据重要地位。近年来，随着产业政策和投融资环境的不断改善，我国半导体企业实力显著增强、产业规模不断增长，与之相对应的人才队伍也在不断发展和壮大。2023 年我国半导体产业人才队伍继续在规模与质量上双轨并进。过去数年间，人才大军从约 40 万增长至近 60 万，见证了产业的快速成长与政策环境的持续优化。尽管增长速率自 2020 年起趋向平缓，稳定在每年约 5.5% 的增长率，但这种调整也反映了产业向更为成熟、理性的阶段过渡。

　　产业链各环节的人才分布呈现出新的特点，设计业、制造业和封装测试业的人员规模分别达到了 22.82 万人、20.21 万人和 17.15 万人，各环节均保持低速稳定增长，结构优化为设计与制造"前中端重"，封装测试"后端轻"。在全球经济波动与半导体市场调整的大环境下，设计业保持良好增势，新增就业人口近 1.12 万人，制造业因新线建设和扩产新增约 1.04 万人，封装测试业亦有显著增长，显示了我国半导体产业在逆境中的韧性与潜力。在半导体设备与材料领域，作为产业链的关键支撑，同样面临人才总量供需矛盾与薪资挑战。尽管 2022 年整体运行平稳，且在特定领域实现高速增长，但人才吸引与保留成为制约发展的瓶颈。设备与材料企业员工总数分别约为 2.4 万人和 3.8 万人，研发人员占比虽已达到一定比例，如设备企业的 32%，但关键技术岗位人才的稀缺性凸显，这对企业的长期战略构成了潜在风险。根据调研数据分析，设计业企业的人才需求占比长期位于榜首，如图 4-1 所示。其中，2022—2023 年间我国集成电路设计业企业人才需求占比高达 80.58%；其次是制造领域和设备领域，人才需求占比分别为 7.59% 和 7.09%；封装测试与材料领域虽占比不高，但需求增长亦不容忽视，尤其是材料领域，反映出产业链上下游协同发展的需求。总体来看，随着国内半导体产业发展热度不减，对人才需求持续旺盛，设计业企业人才需求虽有所回落，但总体而言人才需求依旧强劲。伴随着国内现有产线产能的稳步提升以及新产线的建设，制造领域和设备领域的人才需求将日益增加。

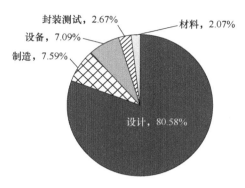

图 4-1　2022—2023 年调研企业人才需求占比情况

在地域分布上，上海、北京、苏州等一线与新一线城市成为人才吸纳的
高地（见图 4-2），这与城市的产业集聚效应和人才储备状况紧密相关。同
时，在社会招聘中，研发岗位以 62.3% 的高占比居首，进一步强调了技术创
新对于产业升级的决定性作用，市场销售与生产制造岗位紧随其后，共同构
建了多元化的人才需求框架。

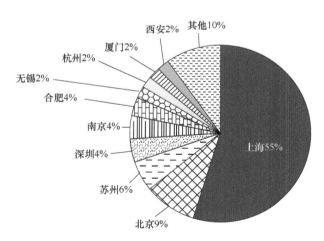

图 4-2　2023 年集成电路企业招聘计划目标城市占比情况

综上所述，2023 年半导体产业人才需求呈现多元化、专业化趋势，对设
计、制造、设备与材料各环节的专业人才均提出了更高要求。面对全球经济

的不确定性与科技竞争的加剧，我国半导体产业对人才的需求非但未减，反而在复杂环境中展现出更明确、细化的需求导向。

4.1.2 专业人才结构性需求

近年来，我国半导体产业的专业人才结构需求映射出产业在快速演进中对多元化与层次化人才配置的迫切要求。此需求不仅体现了对技术深度与广度的双重要求，还凸显了在复杂国际竞争格局下，产业对人才战略储备的长远规划。基于行业调研数据分析，可以得出新一年度人才结构需求的几大关键点。

1. 产业人才结构趋向精细化

产业内部的人才结构按照技能成熟度和职责范围被精细划分，形成了初级、中级、高级以及特级员工的四级体系。初级员工是指协助中级或高级员工完成工作的员工；中级员工是指熟练某一专业领域的职业技能，接受高级/资深员工的监督和指导的员工；高级员工是指精通某一专业领域的职业技能，协助主管开展团队日常工作的员工；特级员工是指对公司战略、规划、政策、方针提出建议，制定并实施新产品、流程、标准、规划的员工。这种分级体现了对人才全面性和专业性的并重。

2. 产业的人才金字塔结构特征明显

如图 4-3 所示，初级员工占据较大比例，而高级与特级员工相对稀缺。初级员工群体庞大，而高级与特级员工相对稀缺。2022 年的相关数据显示，初级员工占比高达 44.41%，中级员工紧随其后，高级与特级员工分别占比16.00%和 3.11%。高级与中级人才成为 2023 年半导体产业的"金字塔尖人才"，反映出产业对既有深厚技术底蕴又能领导或辅助团队的中坚力量的迫切需求。这不仅是对技术深度的追求，更是对团队协作与项目管理能力的综合考量。相比之下，初级人才的紧缺程度较低，但考虑到产业的持续发展与人员梯队建设，初级人才的培养与激励机制同样不可忽视。

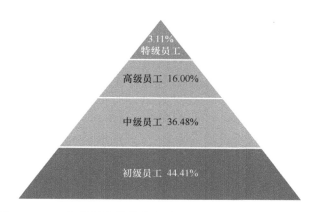

图 4-3　2022 年我国半导体产业从业人员呈现"金字塔"结构

3. 从产业链各环节来看，从业人员的层级分布差异较大

如图 4-4 所示，设计领域属于高知识密集型行业，主要以芯片研发为主，汇聚了最多的中级员工，占比高达 46.49%，而初级员工仅占 21.77%，远低于行业平均水平的 44.41%，同时设计领域中的高级员工和特级员工占比也高于其他产业链。而制造领域、封装测试领域因工厂生产需要大量的一线作业人员，初级员工的占比较多，分别为 45.74%、64.39%，其中封装测试领域初级员工占比稳居行业内首位。另外，制造领域、封装测试领域特级员工最少，分别为 1.72%、1.75%，远低于行业平均水平。半导体设备领域需要较多的研发攻关，需要员工熟练专业领域的职业技能，中级员工占比高达 44.52%，仅次于设计领域中级员工的占比。除此之外，不同于设计领域的是，半导体设备领域占比第二的是初级员工，为 30.33%；而半导体材料领域也需要大量的一线作业人员，初级员工占比仅次于封装测试领域，高达 61.39%。这种差异性需求意味着，应有针对性地调整人才培养和引进策略，以适应各环节的具体要求，是优化人才结构、促进产业链整体协调发展的必要条件。

综上，目前我国半导体产业的人才需求结构在实际表现中趋向均衡与优化，既体现了对高技能、高知识人才的高度重视，也反映了对基础岗位技能提升的切实需求，整体向着更加合理与高效的配置方向发展，为行业应对复杂多变的国际环境与市场需求提供了坚实的人力资源保障。

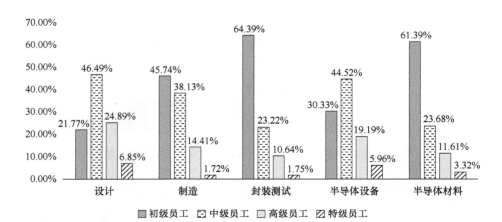

图 4-4　2022 年我国半导体各产业链从业人员不同层级情况

4.1.3　岗位人才及其能力结构要求

在 2023 年，半导体产业岗位人才及其能力结构要求呈现出高标准与多元化的特征，这一趋势反映了技术快速迭代背景下产业对专业人才的迫切需求及综合能力的全面考量。半导体产业技术技能岗位主要包括研发工程师、工艺工程师、测试验证工程师、设备工程师、产品工程师、专业技术工人等。整个产业因生产加工等各方面环境不同，与之匹配的岗位种类以及各岗位人才需求数量也会有所变化。长期以来，半导体产业求职人员数量与企业岗位需求数量有所差异，在许多类型的岗位人才上供需双方存在着较大"缺口"。

2022—2023 年半导体产业热门岗位 TOP20 中（见表 4-1），主要还是以技术性岗位为基准，芯片设计、软件研发、封装测试、生产制造、硬件研发等产业环节均有涉及。其中数字前端设计岗位在 2022—2023 年度的人才投递比例超过模拟芯片设计岗位，成为最热门岗位；在整体的热门岗位 TOP20 中，芯片设计产业链环节的岗位占据 7 个席位，分别是数字前端设计工程师、模拟芯片设计工程师、数字后端设计工程师、芯片验证工程师、芯片架构设计工程师、模拟版图设计工程师、DFT 设计工程师岗位。在过去的一年中，随着相关政策的调整和市场环境的动态变化，在热门岗位中可以看到生产制造和封装测试领域人才竞争也越发激烈。同时，随着国内芯片设计企业人才需求的快速增长，企业之间的人才争夺陆续展开，芯片设计企业普遍采用提升薪酬福利竞争力的方式来快速吸引和留住人才。目前，相较芯片制造和封装等其他产业链的岗位，芯片设计岗的薪酬福利更高，这也是芯片设计岗位更为热门的原因之一。总之，根据近年来行业快速发展情况和人才求职趋势来看，未来 5 年内芯片设计类岗位依然将占据半导体产业热门岗位排行榜前列。

表 4-1　2022—2023 年半导体产业热门岗位 TOP20

序　号	岗 位 名 称	人才投递比例（%）
1	数字前端设计工程师	26.09
2	模拟芯片设计工程师	23.31
3	算法工程师	21.57
4	数字后端设计工程师	19.44
5	芯片验证工程师	18.79
6	芯片架构设计工程师	16.91
7	模拟版图设计工程师	16.02
8	FAE 现场应用工程师	15.81
9	DFT 设计工程师	14.88
10	IC 工艺制程工程师	14.54
11	半导体设备工程师	14.27
12	嵌入式软件开发工程师	14.22
13	质量工程师	13.26
14	软件研发工程师	12.97
15	ATE 测试工程师	12.41
16	硬件研发工程师	12.34
17	封装工程师	12.22

第 4 章

（续）

序　号	岗 位 名 称	人才投递比例（%）
18	良率提升工程师	11.95
19	测试工程师	11.82
20	产品工程师	10.73

2022—2023 年半导体产业紧缺岗位 TOP20（见表 4-2）依次为数字前端工程师、算法工程师、模拟芯片设计工程师、芯片架构工程师、DFT 设计工程师、IC 验证工程师、工艺制程工程师、模拟版图设计工程师、硬件研发工程师、FAE 现场应用工程师等。统计数据显示，紧缺岗位 TOP20 近一半的席位被芯片设计类岗位占据，其次是生产制造类。在全球缺芯的大背景下，随着国内芯片设计企业数量不断增长，对芯片设计岗位人才的需求也随之涌现。近年来，行业高热度已经吸纳更多的人才进入半导体产业，但其岗位需求的增速依然远大于人才的增速。技术门槛高、市场需求大、培养周期长和激烈的竞争是导致芯片设计人才严重紧缺的主要原因。芯片生产制造领域环节中的人才紧缺情况也不同于芯片设计领域，这是因为芯片生产制造领域的人才供给相对更加稳定，而且生产制造领域的技术门槛、学科门槛相对较低，培养周期较短，同时就业机会相对较多，这也降低了人才供需矛盾的压力。但是随着技术的不断进步和行业的发展，芯片制造领域对高技能、高素质人才的需求也在逐渐增加，所以需要进一步加强人才培养和引进工作，以满足产业发展的需要。相信随着行业的不断发展、人才培育模式的逐渐成熟，部分岗位紧缺的问题一定会得到改善。

表 4-2　2022—2023 年半导体产业紧缺岗位 TOP20

序　号	岗 位 名 称	人才紧缺指数（TSI）
1	数字前端工程师	15.25
2	算法工程师	11.59
3	模拟芯片设计工程师	11.51
4	芯片架构工程师	11.26

（续）

序　号	岗位名称	人才紧缺指数（TSI）
5	DFT 设计工程师	10.92
6	IC 验证工程师	9.92
7	工艺制程工程师	8.6
8	模拟版图设计工程师	8.04
9	硬件研发工程师	7.61
10	FAE 现场应用工程师	7.54
11	数字后端工程师	7.45
12	质量工程师	6.46
13	芯片 CAD 工程师	5.32
14	软件架构工程师	5.03
15	良率提升工程师	4.95
16	IC 测试工程师	4.38
17	封装测试研发工程师	4.23
18	IC 失效分析工程师	4.12
19	嵌入式软件开发工程师	4.02
20	器件研发工程师	3.98

第 4 章

　　迈进人工智能时代，半导体产业对岗位人才的能力结构提出了更为严格的标准，既包括专业技能的深化，也涵盖了软技能、实际操作经验以及面向未来趋势的多种能力。观察 2023 年半导体产业的校园招聘标准不难发现，企业对人才的期望倾向于一个平衡的能力组合，其中基础理论知识、软技能和硬技能被普遍认为是核心要素。企业普遍将深厚的理论基础视为最重要的考量，其重视程度逐年提升，并被多数企业放在首要位置。软技能，如沟通和团队合作，以及硬技能，如编程和工具运用，紧随其后，同样被广泛重视。此外，项目研究经验和相关专业实习经历也颇受青睐。相比之下，虽然参与电子竞赛、担任学生干部或进行非专业相关的社会实践等经历也有其价值，但企业在评价时相对给予了较低的权重。这反映出产业对人才的评价体系正在向更注重专业技能与实践能力结合的方向转变。

4.2 半导体产业人才的能力要求

在这个充满激烈竞争和快速变化的半导体产业中，人才的角色愈发凸显。对于半导体产业人才应具有的能力，第三代半导体产业技术战略创新联盟通过组织调研相关企业、院校专家，从通用素质能力、专业能力两个方面确立了人才的能力体系，为满足半导体产业的人才需求奠定了基础。

4.2.1 半导体产业人才的通用能力要求

通用能力，通常指适用于企业所有员工的工作胜任能力。它不仅是企业文化的体现，也代表了企业对员工行为的期望，展示了企业所认可的行为方式。通用能力可以划分为五个层次：知识、技能、自我概念、特质和动机。这些层次在个体上的表现形式各不相同，就如同冰山理论所描述的那样。知识和技能类似于冰山上方的浅层次，是我们能够直接观察到的部分；而自我概念、特质和动机，则类似于潜伏在冰山下方的深层次，它们更多地影响着个体的行为和决策。有关研究表明，真正能够区分优秀人员与一般人员的关键在于这些深层次的部分。也就是说，不仅是表面上的知识和技能，更深层次的自我概念、特质和动机，才是真正决定个体能否在工作中脱颖而出的因素。因此，在评估和培养员工的能力时，除了关注他们的知识和技能外，我们首先需要重视培养他们的自我认知、个性特质和职业动机这些通用素质能力，以此来全面提升他们的工作绩效和职业素养。

团队协作能力是半导体产业人才必备的核心通用能力素养之一。在这个高度专业化和复杂的行业中，各种项目和任务往往需要由多个团队成员共同合作完成。优秀的团队协作能力不仅能够促进团队成员之间的密切合作，还能够加强团队内部的凝聚力和信任度，从而提高团队整体的执行效率和创新能力。在团队协作中，每个成员都能够充分发挥自己的优势，协助他人克服困难，共同推动项目的顺利进行。

　　沟通协调能力在半导体产业人才要求中也占据着极为重要的地位。由于该产业的工作涉及大量的信息交流和资源协调，良好的沟通协调能力可以帮助团队成员更好地理解项目目标和任务要求，减少信息传递的误差和偏差，从而降低项目实施过程中的风险和不确定性。优秀的沟通协调能力还能够加强团队成员之间的信任和合作关系，促进团队工作的顺利推进和项目目标的达成。

　　学习创新能力也是半导体产业人才不可或缺的重要素养之一。在这个技术日新月异的行业中，要想保持竞争优势和领先地位，就必须具备持续学习和创新的能力。优秀的学习创新能力可以帮助人才及时了解行业最新的技术发展动态，不断更新自己的知识和技能，提高自己的综合素质和竞争力。与此同时，创新能力也是推动企业不断发展和进步的关键因素之一，只有不断创新，才能在激烈的市场竞争中立于不败之地，实现自身的价值和目标。

　　除了以上提到的核心素养外，责任心、执行力、职业素养和敬业精神也是半导体产业人才通用能力素养的重要组成部分。项目的成功往往取决于团队成员的责任心和执行力，只有具备高度责任心和执行力的人才才能够保证项目的顺利进行和最终的成功。同时，职业素养和敬业精神也是体现一个人在职场上的专业素养和职业道德的重要表现，对于维护团队的和谐氛围和企业的良好形象至关重要。半导体产业人才通用素质能力见表4-3。

表 4-3　半导体产业人才通用素质能力

	团队协作能力
	沟通协调能力
	学习创新能力
通用素质能力	责任心
	执行力
	职业素养
	敬业精神

4.2.2　半导体产业人才专业能力要求

1. 专业能力定义

除通用能力素质以外，半导体产业人才的专业能力也十分重要。为了相关从业人员能够快速理解半导体产业人才以及半导体从业人员专业能力体系的内容，以下针对典型术语界定了其含义，主要包括专业能力的两个方面：关键技能和专业知识。

1）关键技能。在半导体产业工作中至关重要的技能和能力被称为关键技能。这些技能包括但不限于电路设计、芯片制造工艺、集成电路测试、故障排除与修复、半导体材料科学等。电路设计技能是开发新型芯片和电路的基础，而制造工艺技能则是确保芯片制造过程的顺利进行和产品质量的前提。测试和故障排除技能在产品生命周期的不同阶段都至关重要，能够及时发现和解决问题，确保产品的性能和可靠性。

2）专业知识。在半导体领域必须掌握的具体知识领域和技术要点被称为专业知识。这些知识包括微电子学、半导体器件物理、封装技术、模拟与数字电路设计、半导体制造工艺等。微电子学是理解半导体器件行为和性能的基础，而半导体器件物理则涉及半导体材料的性质和行为。封装技术是将芯片封装成最终产品的过程，模拟与数字电路设计是实现电路功能的关键，而半导体制造工艺则是确保芯片在制造过程中达到设计要求的关键环节。这些专业知识为半导体产业从业人员提供了在工作中进行决策和实践时的重要依据。

2. 不同产业链位置的半导体产业人才专业能力要求

我们将产业链划分为材料、设备、设计、制造和封测五个方面，分析位于半导体产业链不同位置的从业人员的专业能力，包括关键技能和专业知识。

（1）材料领域从业人员专业能力

半导体产业材料方向的工程师扮演着关键的角色，特别是在材料研发类相关岗位中，关键技能和专业知识的掌握程度至关重要。无论是研发工程师还是工艺工程师，都需要具备高水平的专业知识和技能。半导体行业从事材料方向工程师应具备的专业能力见表 4-4。

表 4-4 材料领域从业人员专业能力

类 别	职 业 能 力	程 度 分 级		
		初级	中级	高级
关键技能	掌握 XRD、Raman、AFM 等检测原理		√	
	能够使用各类检测设备完成材料的面型、表面、电学等检测			√
	能够制定使用 PVT 法生长晶体的流程			√
	能够综合考虑多工序关键技术难点，找到生产过程异常产生原因		√	
	能够细心核对工艺参数，确保实验准确进行		√	
	能够使用测量设备对加工前后的材料进行基本参数测量		√	
	能够进行基本应急操作，能够处理设备故障			√
	了解半导体工艺流程	√		
	能够准确监控材料生长数据，并对数据进行分析总结，优化现有工艺		√	
	能够使用材料检测设备进行材料检测			√
	能够完成晶体生长工艺文档制定、撰写和更新		√	
	能够进行数据分析整理，并编写分析报告	√		
	能够撰写技术论文		√	
	能够根据企业现有技术基础，撰写项目申报书		√	
	可以独立完成编辑、审核、建立检测作业指导书		√	
	能够挖掘研发测试产品过程中的专利技术		√	
专业知识	具备晶体生长相关的理论知识		√	
	熟悉半导体衬底加工相关理论知识	√		
	具备半导体材料知识，熟悉半导体薄膜生长工艺			√
	熟悉衬底、外延生长加工技术		√	

（2）设备领域从业人员专业能力

半导体产业的设备领域从业人员，特别是设备工程师，需要具备一系列关键技能和专业能力，以确保设备的正常运行、维护和改进，提高生产制造质量以及效率。表 4-5 是对半导体产业设备工程师的专业能力要求的阐述。

表 4-5　设备领域从业人员专业能力

类　别	职　业　能　力	程 度 分 级		
		初级	中级	高级
关键技能	熟悉设备的操作原理和工作流程，能够独立进行设备的日常维护和故障排除		√	
	具备机械、电气、自动化等相关工程知识，能够理解设备的结构和原理，进行设备的调试和改进		√	
	能够对设备运行数据进行分析，发现潜在问题并提出改进建议，优化设备的性能和效率			√
	能够根据设备的运行状况和维护需求，制定合理的维护计划，并严格执行，延长设备的使用寿命	√		
	能够有效组织和管理设备维护、升级和改进项目，确保项目按时完成，达到预期效果		√	
	具备良好的安全意识，遵守相关的安全规定和操作规程，保障设备操作人员的安全		√	
专业知识	熟悉设备的结构和原理，掌握设备的维护和修理技术，能够及时处理设备故障		√	
	理解半导体器件的制造工艺，了解设备在制造工艺中的应用和作用		√	
	能够理解和编写设备相关的技术文档，包括操作手册、维护手册等	√		
	具备电路、机械设计或读图能力			√

（3）设计领域从业人员专业能力

半导体产业设计领域从业人员的专业能力直接影响着产品的性能、质量和市场竞争力。只有具备扎实的专业知识和创新思维，才能够设计出高效、稳定的器件和电路，推动行业技术的进步和产品的不断升级。因此，设计领域从业人员的专业能力是半导体产业创新和发展的关键因素。针对半导体产业设计领域的从业人员，其专业能力要求见表 4-6。

表 4-6　设计领域从业人员专业能力

类　别	职业能力	程度分级		
		初级	中级	高级
关键技能	熟悉各类半导体器件的设计原理和方法			√
	能够运用电路设计工具进行电路设计和仿真，验证设计方案的可行性		√	
	能够建立器件模型，进行器件特性仿真和分析，指导器件设计和优化			√
	能够对数字电路器件或模拟电路器件的性能进行优化，提高器件的工作效率和性能			√
	能够与工艺工程师合作，确保器件设计与工艺流程相匹配，保证器件制造的可行性和稳定性	√		
	能够设计并进行器件性能测试，并对测试结果进行分析和验证，评估设计的准确性和可靠性			√
专业知识	理解各类半导体器件的物理特性和工作原理		√	
	了解器件的制造工艺流程，与制造工程师合作，确保器件设计与工艺要求相符		√	
	熟悉数字电路的设计原理和技术，能够对数字电路的前后端、验证、可靠性等进行设计			√
	掌握模拟电路的设计方法和技术，能够对电路和版图进行设计			√

（4）制造领域从业人员专业能力

半导体产业的制造领域从业人员是整个半导体制造过程中的关键环节，他们需要具备专业的技术知识和技能，能够熟练操作各种制造设备和工具，精密地进行制造过程，并确保产品质量和生产效率。制造领域从业人员的专业能力要求见表 4-7。

（5）封测领域从业人员专业能力

封测是半导体制造过程中不可或缺的一部分。封测领域从业人员的工作是将制造好的芯片封装成可使用的成品芯片，并进行测试验证其性能和质量。封测领域从业人员的专业能力要求见表 4-8。

表 4-7　制造领域从业人员专业能力

类　　别	职 业 能 力	程 度 分 级		
		初级	中级	高级
关键技能	能够与客户、IDM 厂商对接，确定客户需求产品能够实现工艺流程	√		
	能够与研发工程师进行任务对接，了解射频芯片制造的独特工艺要求和关键的工艺步骤，并对工艺进行量测、分析和检查	√		
	工艺可行性分析，开发刻蚀、沉积、离子注入以及其他工艺流程，并编写规范化的工艺文档，记录工艺流程与重要参数		√	
	能够解决具体的工艺问题，优化工艺，提升良率		√	
	建立工艺制程模型，包括 Spice 模型和工艺仿真模型，能够分析报告、看懂监控图形和数据、排查分析和读取数据			√
	能够撰写分析报告、相应的技术专利、论文或是根据企业现有的技术基础，撰写项目申报书		√	
专业知识	熟悉数字电路器件芯片制造，了解数字电路器件芯片制造的特殊工艺要求		√	
	熟悉模拟电路器件芯片制造，掌握模拟电路器件结构与关键参数设计的基本原理		√	

表 4-8　封测领域从业人员专业能力

类　　别	职 业 能 力	程 度 分 级		
		初级	中级	高级
关键技能	熟练掌握各种主要封装形式的设计和制造流程，根据市场及客户需求评估有竞争力的封装方案，并评估其可能性		√	
	熟练运用框架、基板设计技能，设计封装工艺并验证封装工艺的可行性	√		
	负责新产品导入、最优方案的确认、跟踪现场工艺以及优化封装工艺等工作			√
	熟练掌握封装工艺流程，包括单步工艺条件确认、新工艺的导入和开发以及设备操作	√		
	能够监督跟踪封装生产流程，协调各个工序的交接过程，并熟练运用常用专业数据分析软件		√	

（续）

类　别	职 业 能 力	程 度 分 级		
		初级	中级	高级
关键技能	熟练掌握相关封测设备的操作流程，完成封测任务并对数据进行收集、整理与记录	√		
	能够根据已有工艺条件开展并通过 DOE 实验，提升工艺水平，并提出工艺改善方案，间接改善单步站点的良率和性能			√
专业知识	了解芯片的设计和基本特性，掌握封装设计工艺要求和封装工艺整合设计的工艺要求	√		
	熟练掌握各类半导体行业相关可靠性标准、基本理论知识和实验原理，熟悉封测操作		√	
	熟悉常规生产工艺流程，掌握版图设计软件的使用方法，熟练运用半导体相关的电学、热学、光学仿真软件，熟悉半导体器件的测试标准和方法			√
	掌握半导体器件的结构、生产制造流程以及工作原理，具有生产管理知识		√	

（4.3） 半导体产业人才能力发展趋势

随着人工智能在半导体产业内越来越多的应用，产业内的一些岗位将受到其影响，岗位上的员工所需要具备的能力也需做出相应调整。同样在对相关企业、各级院校进行调研之后，我们对半导体产业人才能力随着人工智能的引入而产生的变化进行了预测。

4.3.1　人工智能影响下的半导体产业人才岗位图谱

人工智能时代，不管是智力型工作还是劳力型工作均会受到人工智能的挑战。在智力型工作中，优化型、弱社交的岗位将逐渐被人工智能接管；而劳力型工作中，高机械性、弱社交的岗位同样更适合人工智能的发挥。半导体产业内，我们认为工程师岗位属于智力型工作岗位，操作员/技术员岗位属

第 4 章

于劳力型工作岗位。各岗位的工作属性如图 4-5 所示。智力型工作岗位中，只涉及手动或半自动的检测或测试工程师，可能会随着人工智能驱动的自动化测试技术的发展而逐渐消失。而在劳力型工作中，普通一线的操作员、技术员，因其重复性高，复杂性和配合性低的岗位特性，最容易受到人工智能的替代，在未来岗位需求量将降低，或甚至于消失。

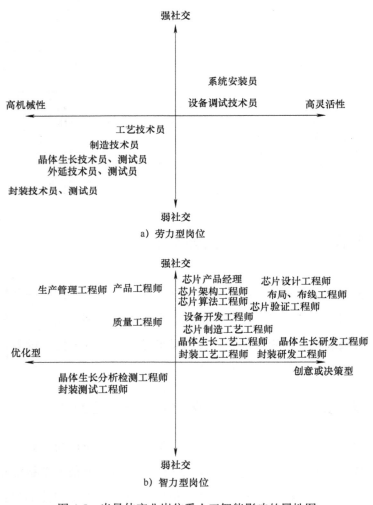

图 4-5　半导体产业岗位受人工智能影响的属性图

由于人工智能的辅助，一些半导体人才岗位也会发生变化，要求人员具有使用人工智能的能力，如算法设计工程师、芯片设计工程师等将更多地利用算法和模型来辅助设计和验证工作，以提高设计效率和准确性。测试验证工程师则需通过人工智能辅助技术，更快、更准确地完成产品的测试与验证工作。生产管理工程师将需要理解和应用人工智能在生产线上的优化和自动化，包括智能调度、预测性维护等，以提高生产效率和降低运营成本。这些岗位将成为人工智能辅助岗。

同时，人工智能在半导体产业内的大量应用，必定会催生出相应的需求岗位，如机器学习工程师、数据工程师等，这些岗位将负责设计、开发和优化用于半导体产业的人工智能算法和模型，以支持更高效的生产、更精确的质量控制以及更个性化的产品设计。此外，随着半导体产业对数据安全和隐私保护的需求增加，网络安全和数据保护方面的岗位也将成为新的增长点。另外，半导体产业在人工智能技术的推动下，还将新增与智能设备维护和监控相关的岗位。这些岗位负责监控智能设备的运行状态，及时发现并解决问题，确保生产线的稳定运行。

综上所述，我们预测的受到人工智能影响的半导体产业从业人员岗位图谱见表4-9（参见文后彩插）。

4.3.2　人工智能时代半导体产业人才能力和素养要求的变化趋势

随着人工智能应用对性能和效率的极致追求，半导体产业从业人员不仅需要掌握深厚的半导体专业知识，还需具备人工智能素养。人工智能素养是指个体在人工智能时代所需的核心能力，包括对人工智能技术的理解、应用、评估以及对伦理问题的认识和处理能力。提升人工智能素养的目的在于使个体能够有效地与人工智能技术互动，并能够批判性地评估人工智能技术及其应用。人工智能素养的培养不仅涉及技术知识的学习，还包括跨学科思维、创新能力和伦理意识的培养。因此，本节将探讨人工智能时代半导体产业人

表4-9 人工智能影响下的半导体产业从业人员岗位图谱

人工智能影响下的半导体产业从业人员岗位图谱		材料			设计			制造		封测	装备	应用			服务与保障		
		衬底		外延	芯片架构设计	芯片电路设计	芯片版图设计	芯片制造工艺	芯片生产制造	封装测试	光刻机、刻蚀设备等	系统集成与应用			厂务	设备	环境健康与工业安全
		晶体生长	晶片加工	外延	架构	电路	版图	工艺	生产	封装 测试	设备	系统开发	系统生产	集成与应用			
半导体行业	研发工程师类	晶体生长研发工程师	晶片加工研发工程师	外延研发工程师	人工智能辅助芯片架构工程师、芯片产品经理	人工智能辅助芯片设计工程师、芯片算法工程师、芯片设计工程师、工程师、测试验证工程师	布局工程师、布线时序分析工程师和电源完整性工程师	工艺工程师、工艺整合工程师	晶圆工程师、生产工程师	封装研发工程师 封装工程师	设备开发工程师、系统集成工程师	嵌入式开发工程师、硬件开发工程师、软件开发工程师、产品研发工程师、系统开发工程师、人工智能/数据工程师	产品生产工艺工程师	FAE、现场应用工程师、系统集成工程师			

（续）

人工智能影响下的半导体产业从业人员岗位图谱

分类	细分	岗位	半导体行业（生产管理类、工程师）
材料	衬底	晶体生长	晶体生长工艺工程师、人工智能辅助分析检测工程师
材料	衬底	晶片加工	晶片加工工程师、人工智能辅助分析检测工程师
材料	外延	外延	工艺工程师、半导体清洗工程师、人工智能辅助分析检测工程师
设计	芯片架构设计	架构	
设计	芯片电路设计	电路	
设计	芯片版图设计	版图	
制造	芯片制造工艺	工艺	
制造	芯片生产制造	生产	人工智能辅助生产管理工程师、质量工程师
封测	封装测试	封装	封装工艺工程师、测试工程师、良率工程师
封测	封装测试	测试	人工智能辅助测试工程师
装备	光刻机、刻蚀设备等	设备	
应用	系统集成与应用	系统开发	
应用	系统集成与应用	系统生产	质量工程师
应用	系统集成与应用	集成与应用	
服务与保障	厂务	厂务	网络安全工程师、电气工程师、水处理工程师、气体工程师
服务与保障	设备	设备	设备工程师
服务与保障	环境健康与工业安全		安全（消防）工程师-EHS

第4章

（续）

人工智能影响下的半导体产业从业人员岗位图谱	材料			设　计			制　造		封　测		装备	应　用（系统集成与应用）		服务与保障		
	衬底		外延	芯片架构设计	芯片电路设计	芯片版图设计	芯片制造工艺	芯片生产制造	封装测试		光刻机、刻蚀设备等	系统开发	集成与应用	厂务	设备	环境健康与工业安全
	晶体生长	晶片加工	外延	架构	电路	版图	工艺	生产	封装	测试	设备	系统生产				
半导体行业　工程师　产品管理类												产品工程师、项目管理工程师、质量工程师	产品工程师、质量工程师			
市场管理类													解决方案工程师			

（续）

人工智能影响下的半导体产业从业人员岗位图谱	材料·衬底（外延）	材料·晶片加工	材料·晶体生长	设计·芯片架构设计	设计·芯片电路设计	设计·芯片版图设计	制造·芯片制造工艺	制造·芯片生产制造	封测·封装	封测·测试	装备·光刻机、刻蚀设备等	应用·系统开发	应用·系统生产	应用·集成与应用	服务与保障·厂务	服务与保障·设备	服务与保障·环境健康与工业安全
半导体行业 应用实施类工程师	外延			架构	电路	版图	工艺	生产	封装	测试	设备	系统开发	系统生产	项目管理工程师、系统调试工程师			
半导体行业 技术员、操作员／操作员、检测员	外延技术员、清洗技术员	晶片加工技术员	晶体生长操作员、检测员				工艺技术员	制造技术员	封装技术员	测试员	设备调试技术员			系统安装员			

注：表中标有删除线的字表示将会消失的岗位；斜体字表示会受影响的岗位；黑体字表示新增的岗位。

第4章

才专业能力和通用素养要求的变化趋势，以期初步揭示未来半导体产业人才发展的方向和机遇。这不仅涉及技术层面的更新，还包括对人才进行全方位能力的塑造，确保他们能够在快速变化的技术环境中保持竞争力，推动半导体产业的持续发展和进步。

1. 专业能力

（1）材料领域

人工智能时代在先进半导体材料领域的研究和应用能力将变得更加重要，如二维材料、石墨烯、碳纳米管等材料能够提升芯片性能，降低功耗，因此，掌握人工智能技术对先进材料的智能化设计、表征分析与缺陷检测的应用能力，对于确保先进半导体材料的质量和工艺优化至关重要。

（2）设备领域

人工智能时代的高端芯片给先进制程相关设备的应用和开发提出了重要需求，因此，在设备领域，需要熟悉设备自动化控制系统和智能维护技术，包括基于数据驱动的预防性维护和故障诊断等，从而提高半导体设备的生产效率和稳定性，确保设备实现高精度的操作。

（3）设计领域

人工智能时代的芯片设计主要是需要掌握智能化的设计工具、方法和技术，设计领域从业人员需要学习人工智能驱动的 EDA 工具在电路设计、仿真、验证等方面的使用，同时，EDA 从业人员需要运用人工智能技术开发更智能化的 EDA 工具。针对高算力人工智能芯片的设计需求，需要理解深度学习算法和架构，掌握软硬件协同优化的设计策略，从而支持高效率的人工智能运算。

（4）制造领域

人工智能时代的芯片制造将以纳米级工艺制程技术为主，如 7nm、5nm、3nm 等，需要了解这些制程对应的光刻、刻蚀、沉积等工艺，对于制造的过程，需掌握统计过程控制（SPC）技术和先进过程控制（APC）技术，通过实时数据分析和反馈优化制造过程，从而达到高精密的制造要求。

（5）封测领域

人工智能时代半导体芯片在性能和集成度方面的需求对先进封装技术提出了新的要求，需要掌握如 2.5D/3D 封装技术、扇出型晶圆级封装（FOWLP）、芯片堆叠（chip stacking）、芯粒（Chiplet）等先进封装工艺技术，以提升芯片性能和集成度。芯片测试需熟悉自动测试设备（ATE）的使用和测试程序开发，具备对芯片功能、性能、可靠性进行全面测试的能力，以及具备失效分析技能，通过电镜、X 射线等技术定位和分析芯片失效原因，从而改进设计和制造工艺。

2. 通用素养能力

（1）跨学科知识技能学习与融合能力

人工智能的发展推动了跨学科知识的融合，人工智能时代半导体产业的人才需要具备广泛的知识背景。传统上，半导体产业人才主要集中在电子工程、物理学、材料科学等领域，所学专业也通常是单一学科的，如微电子科学与工程、电子科学与技术、集成电路设计与集成系统、材料科学与工程等，跨学科知识背景不足。但在人工智能时代，理解和应用计算机科学变得同样重要，需要对诸如人工智能算法、机器学习、深度学习、数据科学、软件工程等领域有所了解。在开发人工智能相关半导体应用时需要理解软件与硬件的协同工作与优化。跨学科的知识背景能够帮助人才更好地理解人工智能在半导体设计和制造中的应用。同时，人工智能时代技术进步的速度非常快，半导体产业的人才需要具备快速适应新技术和不断学习与融合跨学科知识的能力，需要通过各种渠道（如在线课程、研讨会等）持续更新知识库，掌握最新的工具和技术，以保持竞争力。

（2）数据分析与处理挖掘能力

半导体产业产生了大量的数据，从芯片设计、制造到封测等过程都需要对这些数据进行详细的分析和解读。半导体产业人才需要熟悉使用数据处理工具和技术，掌握 Python 等高级编程语言，同时还要理解各种机器学习（如监督学习、无监督学习）和深度学习算法（如卷积神经网络、循环神经网络、Transformer）。因此，具备数据分析能力的人才越来越受到重视，他们能够通过数据挖掘和分析来优化半导体设计流程、进行数据驱动的制造优化、工艺优化与故障排查，提高生产效率和产品质量。

（3）问题解决与创新能力

人工智能的快速发展要求半导体产业人才具备创新思维和解决复杂问题的能力。因为只有不断探索和验证新的技术路线、寻找新的解决方案才能应对日益复杂的技术挑战。半导体产业人才需要具备深厚的专业知识，理解和应用先进的半导体技术和人工智能算法，并能够提出和验证新的人工智能算法和半导体设计思路。在面对未知问题和挑战时，能够运用人工智能技术快速分析、找到解决方案并展开实施。

（4）团队协作与沟通能力

随着人工智能技术的深度融合，未来半导体产业的项目往往需要跨学科、跨领域的团队共同完成，涉及电子工程、计算机科学、材料物理、数据科学等多个领域的专业知识。在这样的环境下，半导体产业人才不仅需要具备扎实的专业技能，更应具备高效的团队协作和出色的沟通能力，能够有效地与不同专业背景的团队成员交流想法和解决方案。团队成员之间的有效沟通能够确保信息的准确传递，促进知识共享，加速问题的解决过程。同时，良好的团队协作能力有助于打破部门壁垒，实现资源共享和优势互补，推动项目顺利进行。此外，随着全球化的不断深入，半导体产业的人才还需要能够在多元文化的环境中进行有效沟通，与国际团队进行无缝协作，共同应对全球性的技术挑战和市场机遇。因此，团队协作与沟通能力已成为半导体产业人才必备的核心素养之一，对于推动产业的持续创新和稳定发展具有重要意义。

（5）伦理与社会责任感

在人工智能时代，半导体产业人才的伦理和社会责任意识变得尤为重要。

随着人工智能技术的广泛应用，半导体产业不仅在技术层面面临挑战，同时也需要考虑其对社会的影响。人工智能应用涉及大量数据，半导体产品和人工智能技术的结合，可能会引发隐私保护、数据安全、就业结构变化等一系列伦理和社会问题。因此，半导体产业的人才应当具备强烈的伦理意识，能够在设计和开发过程中考虑到这些因素，理解并应用加密技术、硬件安全模块等，确保技术的应用符合社会伦理标准，保护个人隐私和数据安全。同时，半导体产业的人才还应具有社会责任感，认识到自己的工作对社会和环境可能产生的影响。他们需要在创新和发展的同时，考虑如何通过技术进步促进社会的可持续发展，减少对环境的负面影响，提高社会的整体福祉。这包括推动绿色制造、节能降耗，以及开发有助于解决全球性问题（如气候变化、健康医疗等）的技术解决方案。此外，随着技术的发展，半导体产业人才还应积极参与到公共政策的讨论中，为制定合理的技术治理和监管政策提供专业意见，确保技术发展与社会价值和法律规范相协调。总之，伦理和社会责任是半导体产业人才在人工智能时代背景下必须具备的重要素养，这不仅关系到个人、企业、行业的形象，更关系到整个社会的未来和福祉。

CHAPTER 5

第5章
人工智能时代半导体产业人才培养体制机制创新

5.1 人工智能技术对半导体院校人才培养的影响

在当今科技飞速发展的时代，人工智能技术正以前所未有的速度改变着各个领域。半导体产业作为现代信息技术的核心基础，对国家的经济和科技发展具有至关重要的战略意义，而半导体院校作为培养半导体专业人才的摇篮，不可避免地受到了人工智能技术的影响。其积极影响包括丰富教学内容，如带来新的半导体应用场景和需求，像智能芯片设计、边缘计算等新兴领域的知识和技术可融入教学，在课程中引入人工智能算法在半导体制造中的优化应用，让学生了解如何利用深度学习进行缺陷检测和工艺改进；创新教学方法，借助虚拟实验室、智能教学辅助系统等为学生提供更个性化、沉浸式的学习体验，比如通过虚拟现实技术让学生身临其境地观察半导体器件的内部结构和工作原理，提高学习效果；提升实践能力，利用人工智能模拟复杂的半导体制造和设计流程，让学生在虚拟环境中进行实践操作，提前积累经验，例如使用人工智能驱动的仿真软件进行芯片布局布线的练习，减少实际操作中的失误；还能进行精准就业指导，基于大数据和人工智能的分析，更准确地预测半导体产业的人才需求趋势，为学生提供有针对性的职业规划建议，比如根据学生的专业成绩、实践经历和个人兴趣，为其推荐适合的岗位和企业。然而，这也带来了一些挑战，比如师资队伍建设方面，教师需不断更新知识和技能以适应教学需求，部分教师可能短期内难以熟练掌握新内容和方法从而影响教学质量；课程体系调整方面，原有的课程体系可能需大幅改革和优化以合理纳入相关课程和实践环节，课程之间的衔接和协调也可能出现问题，导致学生学习负担加重；硬件设施更新方面，支持人工智能技术应用的教学设施（如高性能计算设备、虚拟现实设备等）需要大量资金投入，院校可能面临资金短缺困境无法及时更新，限制教学效果。对此，应加强教师培训，定期组织其参加培训和研讨会，鼓励开展相关科研项目，建立交流平台促进经验分享；优化课程设计，邀请行业专家参与制定确保科学性和实用性，进行课程试点和评估并根据反馈调整完善；加大资金投入，积极争取政府和企业支持拓宽来源渠道，合理规划资金使用优先保障关键教学设施更新维护。总之，人工智能技术的发展为半导体院校人才培养带来新机遇和挑战，半导体院校应积极应对，充分利用其优势改进人才培养模式，为半导体产业输送更多高素质的创新型人才，推动我国半导体产业蓬勃发展。

5.2　人工智能时代半导体产业人才培养

5.2.1　人才培养的重新定位

1. 研究型

半导体产业的研究型人才的定位不仅局限于技术研发，更要不断创新。半导体产业研究型人才需要具备深厚的专业知识储备，包括物理学、电子学、材料科学等多个领域。他们需要不断跟踪和学习最新的技术动态，以便在研发过程中能够灵活应用，解决各种技术难题。他们需要具备跨学科的研究能力，需要将传统的半导体技术与人工智能算法、大数据等技术相结合，推动整个产业向智能化、自动化方向发展。高校在培养半导体产业研究型人才方面需要采取全面而前瞻性的策略。在确保基本的知识教育下，高校需要设置跨学科课程和项目，鼓励学生将人工智能技术应用于半导体领域。此外，高校还应加强实验室建设。通过建设先进的半导体实验室，为学生提供实践操作的平台，使他们能够将理论知识应用于实际研究中。同时，高校应积极与半导体企业合作，开展产学研合作项目，为学生提供实习和就业机会，使他们能够更好地了解行业需求和前沿技术。

研究型人才应同时具备以下三种素养要求：

1）需要掌握一定的人工智能、大数据、机器学习等相关知识，以便更好地将新技术应用于半导体研究中。

2）具备敏锐的市场洞察力和商业思维，他们需要了解市场需求和趋势，以便在研发过程中能够准确把握市场方向，开发出符合市场需求的产品。

3）需要与团队成员紧密合作，共同解决问题，同时也需要与客户、合作伙伴等外部人员保持良好的沟通，确保项目的顺利进行。

2. 应用型

应用型本科高校在半导体人才培养的定位上更要关注培养层次和人才规格定位。

首先，在人才培养的层次上，应用型高校人才的培养应同半导体产业经济需要相结合，开设符合半导体产业发展需要的专业，要求学生掌握该专业所应具备的相关理论基础知识和实践操作能力。

其次，要根据半导体产业发展需要制定应用型人才的具体考核方案，确保学生通过在所学专业的学习能够投入到实际工作中。

最后，在半导体产业人才培养的手段上，以人工智能技术赋能人才培养模式，可以有效实现线上线下教育资源的整合，拓宽人才培养的空间，提供丰富的学习场景。人工智能技术可以根据学生的个性化特点进行画像分析，整合师资和课程等资源，为应用型人才制定符合其发展需求的个性化培养方案，同时对学生的学习效果进行全流程的监测和评价，并提供必要的帮助。

应用型人才应同时具备以下三种素养要求：

1）具有半导体产业所需的专业知识，包括具备扎实的半导体物理、材料科学、电子工程等基础知识。

2）具备解决现场问题的动手能力，包括生产工艺修正、半导体产品检测、设备故障诊断等。

3）拥有创新思维、团队协作、项目管理等综合素质能力。

3. 技术技能型

在人工智能技术的大规模应用背景下，以及新质生产力的驱动下，半导体产业技术正在转型升级，包括新技术以及新生产线的建设等，技术日新月异，人才需求呈现出多元化的趋势。软技能（如沟通和团队合作）、硬技能（如编程和工具运用）、创新能力、使用人工智能的能力成为典型的人才能力需求新特点。

高等职业学校主要培养面向"新工科"电子信息产业链，适应产业优化升级需求，对接新产业、新业态、新模式下集成电路制造、封装、测试等岗位的新要求，以典型工作岗位能力要求、半导体产业最新技术、工艺为导向，培养具有较强的实践操作能力、人际沟通能力、社会工作能力和可持续发展能力，以及良好的职业道德和健康的个性品质等素质的人才，不断满足半导体产业高质量发展对高素质技术技能人才的需求，提高人才培养质量。

人工智能技术应用背景下，技术技能型人才的培养规格在原有的专业知识、岗位技能、通用素养的基础上，也提出了新的要求，典型要求如下：

1）具有人工智能基本素养。

2）具有更高效的跨学科团队协作和出色的沟通能力。

3）具有使用人工智能辅助技术的能力。

4）熟悉使用数据处理工具和技术。

第
5
章

5）具备创新思维和解决复杂问题的能力。

6）具有跨学科知识技能学习与融合的能力。

7）具有伦理与社会责任素养。

5.2.2 人才培养新模式与新机制探索

1. 不同层次人才培养模式与机制的变化

在人工智能时代，半导体相关院校需要提升教育适应性。院校半导体产业人才培养模式与机制需要与时俱进，进行相应的调整以满足产业的需求，具体见表 5-1。

表 5-1　人工智能时代半导体产业人才培养模式与机制的变化

层次	目前院校半导体产业人才培养模式与机制	人工智能时代院校半导体产业人才培养模式与机制的变化
研究型	1. 学制形式 4 年制（大学本科） 5 年制（本硕五年贯通） 5 年制（本硕博五年贯通） 5 年制（直博） 2. 人才培养模式 1）项目驱动式培养模式 2）学科交叉融合培养模式 3）导师引领培养模式 4）企业定制培养模式 5）国际合作培养模式	1. 学制形式 4 年制（大学本科） 5 年制（本硕五年贯通） 5 年制（本硕博五年贯通） 5 年制（直博） 2. 人才培养模式 1）项目驱动式培养模式 2）学科交叉融合培养模式 3）导师引领培养模式 4）企业定制培养模式 5）国际合作培养模式 6）虚拟仿真实验教学模式 7）众创空间培养模式 3. 学校师生之间没有变化，在具体环节上的变化 1）强调与人工智能的融合 2）数据驱动的研究方法 3）跨学科知识的深度融合 4）强化创新和自主研发能力 5）注重实践中的智能化应用

（续）

层次	目前院校半导体产业人才培养模式与机制	人工智能时代院校半导体产业人才培养模式与机制的变化
应用型	1. 工科学生需要修满 160~180 学分，才能毕业 2. 人工智能赋能教学，人工智能教室改造进展缓慢，教师对人工智能技术的应用接受度普遍比学生弱 3. 实践教学以学校校内设备及条件为主，本科生参与教师项目较少 4. 校企联合培养从制度和实际层面还有差距 5. 人工智能与大数据技术在实际教学中仅有少数学校少数专业上得到应用	1. 课程设置少而精，通过自主学习与独立思考能力的训练，形成知识创造的良好环境 2. 创新教学方式，人工智能赋能教学，强化课堂互动，增加小组学习、开放式实验与问题研讨，培养学生表达能力、发现问题能力和学术判断能力 3. 改革实践培养环节，导师项目制，建构从课内实验、专题实验到导师制科研训练的贯通实践培养体系，并使每一位同学都有国际访学和一流企业实习的机会 4. 校企联合培养拓展办学资源，加强与人工智能领域领军企业合作，深化产教融合和校企协同育人 5. 推广人工智能与大数据技术在教学与人才培养中的应用，以科技变革促进教学与人才培养模式变革
技术技能型	1. 学制形式 　3 年制（高中生源） 　5 年制（中高职五年贯通） 　5 年制（高本衔接） 2. 人才培养模式 　1）"工学交互、校企双元"人才培养模式 　2）现代学徒制人才培养模式	1. 学制形式 　3 年制（高中生源） 　5 年制（中高职五年贯通） 　5 年制（高本衔接） 2. 人才培养模式 　1）"工学交互、校企双元"人才培养模式 　2）现代学徒制人才培养模式 　3）职业教育现场工程师人才培养模式 3. 校企双元没有变化，在具体环节上的变化 　1）强化企业参与度，突出产教融合创新平台、产业共同体的作用 　2）强化企业实践基地的应用 　3）强化企业人工智能工具和案例的应用

2. 不同层次人才培养模式与机制的探索

1）研究型人才培养模式与机制的探索见表 5-2。

表 5-2　研究型人才培养模式与机制的探索

研究型人才培养模式	研究型人才培养模式相关机制
项目驱动式培养模式	1. 以国家级、省部级科研项目以及企业委托项目为依托 2. 让学生参与项目的全过程，包括立项、方案设计、实验研究和成果总结 3. 通过项目实践，培养学生解决实际问题的能力和创新思维

（续）

研究型人才 培养模式	研究型人才培养模式相关机制
学科交叉融合 培养模式	1. 融合物理学、化学、材料科学、电子工程等多个学科的知识体系 2. 开设跨学科课程，如物理化学在半导体中的应用、材料科学与半导体工艺等 3. 组织跨学科的研究小组和项目，让学生在不同学科的交叉领域进行探索
导师引领 培养模式	1. 为学生配备学术造诣深厚、实践经验丰富的导师 2. 导师不仅在学术上指导学生，还在职业规划和科研素养方面给予引导 3. 实行导师组制度，多个导师从不同角度指导学生的研究工作
企业定制 培养模式	1. 与半导体企业建立紧密的合作关系，设立联合实验室和研发中心 2. 企业为学生提供实习岗位和实际项目，让学生在真实的产业环境中锻炼 3. 高校与企业共同制定培养方案，确保培养的人才符合产业需求
国际合作 培养模式	1. 与国外知名高校和研究机构开展学生交换、联合培养项目 2. 邀请国际专家进行讲学和学术交流，拓宽学生的国际视野 3. 鼓励学生参加国际学术会议，展示研究成果，与国际同行交流
虚拟仿真实 验教学模式	1. 对半导体制造设备、工艺流程进行精确的三维建模，确保虚拟环境的真实性 2. 让学生能够在虚拟环境中进行各种操作，如调整工艺参数、更换设备部件等，并实时观察结果 3. 收集和创建各种实际的半导体制造案例，供学生在虚拟实验中进行分析和解决 4. 设置自动评估系统，对学生的操作和结果进行评估，并及时给予反馈和建议
众创空间 培养模式	1. 提供资金、技术、市场等方面的支持，帮助学生项目顺利孵化 2. 邀请企业专家、学者等组成导师团队，为学生团队提供专业指导 3. 加强学生对创新成果的知识产权保护意识和措施 4. 建立资源共享平台，包括设备、材料、信息等，降低创新成本

2）应用型人才培养模式与机制的探索见表 5-3。

表 5-3　应用型人才培养模式与机制的探索

应用型人才培养模式	应用型人才培养模式相关机制
多主体协同的校企合作培养 模式——高校+企业+政府	科教、产教、创教"三融合"培养体系
	与企业联合"订单式"人才培养机制
	共同开发半导体专业课程体系
	共建半导体专业教学实践基地方案

（续）

应用型人才培养模式	应用型人才培养模式相关机制
人工智能赋能半导体人才培养模式	线上线下教育资源整合方案
	提供个性化培养方案
	高效进行全流程的监测和评价

3）技术技能型人才培养模式与机制的探索见表 5-4。

表 5-4　技术技能型人才培养模式与机制的探索

技术技能型人才培养模式	技术技能型人才培养模式相关机制
"工学交互、校企双元"人才培养模式	1. 行校企联合建设产教融合共同体 2. 建设现代产业学院、产教融合创新平台 3. 校企深度融合，开发专业课程与教学资源 4. 企业富有经验的高级技师等参与教学，校企双导师指导实践课程 5. 校企联合理虚实结合、产教融合实践基地，建立"校中厂""厂中校" 6. 虚拟工具应用，同步学校教学环境与企业实际生产环境 7. 企业真实项目案例大范围进入学校课堂，实行项目化教学 8. 校企共建师资培养基地 9. 建设订单班、冠名班
现代学徒制人才培养模式	1. 学校开展理论知识和基础技能训练 2. 企业开展职业技能专业培训 3. 校企联合开发教学资源
职业教育现场工程师人才培养模式	1. 中国特色学徒制 2. 校企联合实施学徒培养和在职员工培训，学校、企业和学生签订学徒培养协议 3. 校企联合开发人才培养方案、核心课程、教材和数字化资源 4. 基于真实生产任务灵活组织教学，工学交替强化实践能力培养 5. 校企联合开发职业能力评价标准，开展职业能力评价 6. 校企联合打造双师结构教师队伍 7. 助力员工提升数字技能

5.2.3　不同层次高校建议新增的人工智能相关课程

1. 研究型

研究型院校学生需要具备的人工智能相关能力见表 5-5，建议新增设的课程见表 5-6。

表5-5　研究型院校学生需要具备的人工智能相关能力

研究型院校学生需要具备人工智能相关的能力	1. 扎实的数学基础 2. 熟练运用 Python、C++等编程语言的编程能力 3. 对深度学习和机器学习模型有深入理解，熟悉常见的机器学习算法和框架，TensorFlow、PyTorch 等 4. 跨学科研究与创新能力 5. 沟通能力、团队合作精神，能够与产品经理、数据科学家和开发人员紧密合作 6. 具有人工智能前沿理论与探索的能力

表5-6　研究型院校建议新增的人工智能相关课程

能力类别	具体人工智能相关能力描述	建议新增课程
素养类	基础的人工智能概念与理解	人工智能导论
	对人工智能技术在半导体产业应用的认识	人工智能在半导体产业的应用 AIGC 应用通识课
	信息技术前沿与数据科学	信息技术前沿 数据科学基础 数学与统计学深层次原理
	人工智能伦理与社会责任	人工智能伦理与道德 人工智能哲学与社会影响
专业类	深度学习理论与算法	深度学习理论与算法
	自然语言处理与计算机视觉	自然语言处理与计算机视觉
	强化学习与模式识别	强化学习与模式识别
	大规模数据处理与分布式计算	大规模数据处理与分布式计算
	集成电路设计与应用	集成电路设计与应用
其他类	半导体制造与工艺	半导体制造工艺 半导体智能制造中的工艺与装备
	先进计算机应用	先进计算机应用
	供应链与物流管理	供应链与物流管理
	职业规划与创新创业	职业规划与就业指导 创新创业与商业模式 领导力与团队管理

（续）

能力类别	具体人工智能相关能力描述	建议新增课程
其他类	实践操作技能与实验训练	半导体实验技术 技能实训课程 科研伦理与学术规范

注：1. 本表旨在建议研究型院校半导体专业在人工智能时代所需培养的学生能力及相应的课程。
2. 素养类课程旨在培养学生的基础人工智能概念理解、伦理意识、数据素养以及信息技术前沿与数据科学等素养技能。
3. 专业类课程注重培养学生的深度学习理论、自然语言处理与计算机视觉、强化学习与模式识别以及大规模数据处理与分布式计算等专业应用能力。
4. 其他类课程则涵盖半导体制造工艺、先进计算机应用、供应链与物流管理、职业规划创新创业等实用技能及行业实习等实践课程，旨在提升学生的就业竞争力和实践能力。
5. 表中课程建议仅供参考，具体的课程设置应根据学校实际情况、教育资源和学生需求进行适当调整和优化。

2. 应用型

应用型院校学生需要具备的人工智能相关能力见表 5-7，建议新增的相关课程见表 5-8。

表 5-7　应用型院校学生需要具备的人工智能相关能力

应用型院校学生需要具备人工智能相关的能力	1. 掌握 Python、C++ 等编程语言 2. 了解 TensorFlow、PyTorch 等常见的机器学习算法和框架，具备人工智能算法与模型实现能力 3. 具备系统设计与开发能力 4. 具备人工智能大模型微调和应用开发能力 5. 具备问题解决能力以及数据分析能力 6. 具备团队协作与项目管理能力

表 5-8　应用型院校建议新增的人工智能相关课程

能力类别	具体人工智能相关能力描述	建议新增课程
素养类	基础的人工智能概念与理解	人工智能导论 数据科学基础

（续）

能力类别	具体人工智能相关能力描述	建议新增课程
素养类	对人工智能技术在半导体行业应用的认识	人工智能在半导体行业的应用 AIGC 应用通识课
	信息技术前沿与数据科学	信息技术前沿 数据科学基础
	人工智能伦理与社会责任	人工智能伦理与道德
专业类	数据采集与处理能力	数据采集与处理技术
	机器学习原理与应用	机器学习原理与应用 机器学习算法优化 系统仿真与控制 自然语言处理技术实战 系统分析与建模基础 NLP 基础与应用
	深度学习基础与专业应用	深度学习基础 深度学习在半导体行业的应用
	人工智能与半导体制造结合课程	人工智能在半导体制造中的应用 人工智能系统设计
	智能制造系统操作与实现	智能制造系统操作与实现
	智能检测与质量控制算法研发	智能检测与质量控制算法研发
其他类	半导体制造与工艺	半导体制造工艺 半导体智能制造中的工艺与装备
	先进计算机应用	先进计算机应用
	供应链与物流管理	供应链与物流管理
	职业规划与创新创业	职业规划与就业指导 创新创业与商业模式 技术创新与实践 项目管理与成果转化
	实践操作技能与实验训练	半导体实验技术 技能实训课程

注：1. 本表旨在建议应用型院校半导体专业在人工智能时代所需培养的学生能力及相应的课程。
2. 素养类课程旨在培养学生的基础人工智能概念理解、伦理意识、数据素养以及信息技术前沿与数据科学等素养技能。
3. 专业类课程注重培养学生的数据分析能力、机器学习应用以及深度学习等专业应用能力。
4. 其他类课程则涵盖半导体制造工艺、先进计算机应用、供应链与物流管理、职业规划创新创业等实用技能及行业实习等实践课程，旨在提升学生的综合技能与就业竞争力。
5. 表中课程建议仅供参考，具体的课程设置应根据学校实际情况、教育资源和学生需求进行适当调整和优化。

3. 技术技能型

技术技能型院校学生需要具备的人工智能相关能力见表 5-9，建议增设的课程见表 5-10。

表 5-9　技术技能型院校学生需要具备的人工智能相关能力

技术技能型院校学生需要具备人工智能相关的能力	1. 具备 Python 基础编程与操作能力 2. 了解人工智能各种算法的原理和应用场景 3. 掌握 Office、AI Trainer、AIGC 等人工智能应用工具 4. 具备对业务的理解和表达的能力 5. 具备简单的大数据处理和分析能力 6. 具备逻辑分析能力和解决实际问题的能力

表 5-10　技术技能型院校建议新增的人工智能相关课程

能力类别	具体人工智能相关能力描述	建议新增课程
素养类	基础的人工智能概念与理解	人工智能导论
	对人工智能技术在半导体行业应用的认识	人工智能在半导体行业的应用
	信息技术基础与数据素养	信息技术基础 数据素养基础 AIGC 应用通识课
	人工智能伦理与社会责任	人工智能伦理与道德
专业类	基础编程与自动化控制能力	编程语言基础（如 Python） 自动化控制原理
	数据采集与处理基础	数据采集与处理技术 大数据分析与人工智能应用 大数据处理技术 数据分析与可视化基础
	机器学习基础与应用	机器学习基础 机器学习在半导体行业的应用实践
	人工智能与半导体工艺结合知识	人工智能在半导体工艺中的应用
	智能制造系统的操作与维护	智能制造系统操作与维护

第5章

（续）

能力类别	具体人工智能相关能力描述	建议新增课程
其他类	半导体基础工艺与设备	半导体基础工艺 半导体生产设备与维护
	团队协作与沟通能力	团队协作与沟通技巧 团队协作与项目管理
	职业规划与就业准备	职业规划与就业指导 职业素养与沟通技巧 行业实习与职业体验 网络安全与隐私保护
	实践操作技能与实验训练	半导体实验技术 技能实训课程

注：1. 本表旨在建议半导体技术技能型院校在人工智能时代所需培养的学生能力及相应的课程。
2. 素养类课程旨在培养学生的基础人工智能概念理解、伦理意识、数据素养以及信息技术基础。
3. 专业类课程注重培养学生的编程能力、数据分析能力、机器学习应用以及半导体工艺与人工智能结合的应用能力。
4. 其他类课程则涵盖半导体基础工艺、团队协作、职业规划等实用技能及行业实习等实践课程，旨在提升学生的综合技能与就业竞争力。
5. 表中课程建议仅供参考，具体的课程设置应根据学校实际情况、教育资源和学生需求进行适当调整和优化。

5.3 人工智能时代教师角色的变化

人工智能时代教师角色与素养也会发生相应的变化。教师需要将人工智能融入教育教学和管理全过程，以智助学、以智助教、以智助评和以智助管，推动学习方式的革新，赋能定制式学习、沉浸式学习和跨学科学习，培养学生的综合能力、科学潜质和持续学习的动机。教师角色变化对比见表 5-11。教师所需要的新素养见表 5-12。

表 5-11　人工智能时代教师角色的变化

职　　能	传 统 教 师	人工智能背景下的教师
教	指导型、讲授型（知识传统）	引导型、启发型（能力培养）

（续）

职　能	传统教师	人工智能背景下的教师
教	传统教学 知识漫灌	个性化教学（具身交互项目式学习、情境式教学等） 共同建构
学（学生）	传统学习	个性化学习、沉浸式学习
评	过程性评价与结果评价	实时的评价反馈
管	传统管理	智能化、高效化、精准化管理

表 5-12　人工智能时代教师素养建议

序　号	素　养	具　体　描　述
1	数字素养与技术熟练度	掌握各种人工智能辅助教学工具和平台的操作
2	数据分析能力	能够精准解读学生的学习数据，从而实施更有效的个性化教学
3	批判性思维和高度的伦理意识	指导学生正确理解和使用人工智能，警惕数据偏见等现阶段尚待解决的技术问题影响学生正确的人生观、世界观、价值观的建立
4	共情能力	培养学生的人际交往及情感连接方面

5.4　人工智能时代学习资源的建设

　　教育、科技、人才是实现中国式现代化的战略支撑。人工智能将重塑教育范式。半导体是信息技术产业的核心，是汇聚卓越人才的高地，半导体产业人才培养规模与质量，同智慧教育发展和资源建设密切相关。

5.4.1　人工智能时代的半导体产业学习资源建设

　　人工智能时代半导体学习资源建设变得尤为重要，因为人工智能技术正逐步渗透到半导体产业各个环节，从设计、制造到测试，都离不开智能化的赋能作用。学习资源是学习者在学习过程中所需要的各种工具、材料及环境，一般包括教材、多媒体资料、网络资源、虚拟实验室和模拟软件、互动学习

第 5 章

工具、学习社区和社交平台、学习辅助工具和技术等。针对半导体产业，学习资源建设还包括半导体基础理论、集成电路设计、先进制造工艺与设备、案例与行业应用以及相关跨学科资源等。这些资源可以帮助学习者了解半导体领域全流程核心知识点、扩展知识领域、提升学习技能和效果。通过多样化的学习方式、深入准确的知识内容，可满足学习者个性化的学习需求、开阔视野，促进学习者的全面发展。学习资源作为学习者不可或缺的重要来源，提供了丰富的学习内容和途径，其多样性和高质量对学习效果和学习体验具有重要影响，因此，合理选择和有效利用学习资源是学习过程中的关键。AI+半导体专业教学资源库的整体规划和架构样例如图 5-1 和图 5-2 所示。

人工智能在半导体教育领域中可以帮助教师和学习者更加高效、合理地利用教学资源，提升教学效果和学习体验。人工智能技术可以通过智能模拟、虚拟现实等技术提供逼真的实验模拟环境，解决半导体行业硬件装备昂贵、教学设施建设所需资金投入大、实验成本高昂且学生经验不足无法直接进产线进行实际操作等问题。智能化的学习管理系统提供了个性化的学习路径和内容推荐，学生可以根据自身的学习需求、兴趣和能力选择合适的学习资源，提高学习效率。教师也可根据学生的学习情况和需求进行智能化的教学设计，利用教学资源库、虚拟实验室等辅助教学工具为学生提供更加丰富、生动的学习资源，激发学生的学习兴趣，提供个性化的学习支持。在通过智能化的评估系统对学生的学习情况和表现进行评估的同时，也可以根据评估结果提供相应的反馈和建议，帮助教师和学生及时调整策略，提高教学效果，推动教育教学向更加智能化、个性化和高效化的方向发展。

5.4.2 人工智能时代学习资源的发展趋势

1. Web 技术的发展带来学习平台建设的变革

Web 技术的持续进步，带来了一场信息获取方式的革命，人工智能加持下的 Web 技术，让这场革命更加深入。在人工智能的背景下，学习资源的发

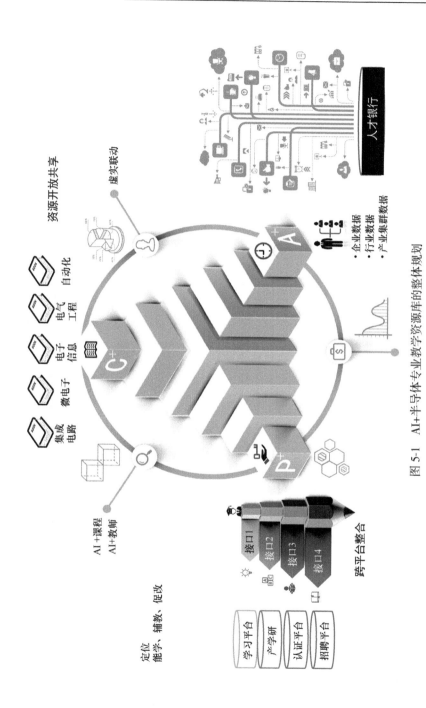

图 5-1　AI+半导体专业教学资源库的整体规划

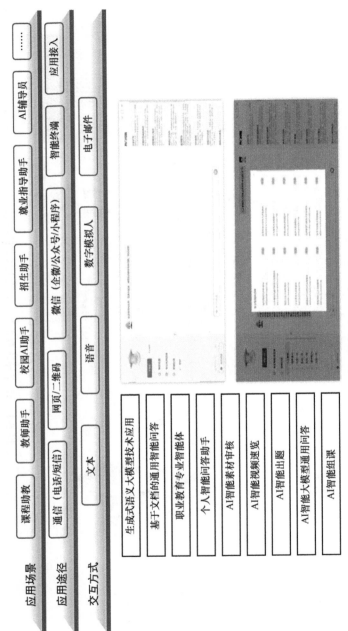

图 5-2 AI+半导体专业教学资源库的架构样例

展趋势正在发生着深刻的变化。随着元宇宙、虚拟仿真、智能化教育教学平台等新技术的不断发展和应用，学习资源的获取、使用和分享方式也在不断创新和优化。

Web 1.0 时代，互联网被称为"只读"时代，以网页为主要载体，提供大量的信息和服务。在这个阶段，学生可以通过搜索引擎获取海量的学习资源，但这些静态资源缺乏交互性和个性化定制。学习者需要花费大量时间去筛选和验证信息的可靠性，限制了学习效率和深度。Web 2.0 时代带来了信息分享的革命，被称为"可读写"时代。用户参与和社区共享成为互联网的主要特点。在这个阶段，学生不仅可以获取信息，还可以创造信息，分享信息。这种模式丰富了学习资源的形式和内容，促进了学生之间的互动和合作。然而，Web 2.0 时代的学习资源仍然存在信息质量参差不齐、缺乏个性化定制等问题。Web 3.0 时代被称为"可读写执行"时代，开启了信息智能的革命，智能化和个性化成为互联网的新趋势。在这个阶段，人工智能技术的应用使得学习资源的管理、推荐和个性化定制更加智能化和高效。元宇宙、虚拟仿真、智能化教育教学平台等新技术的发展，为学习资源的交互性、个性化和智能化提供了新的可能。当前 Web 技术已经发展到了一个非常成熟和多样化的阶段，涵盖了各种前端、后端和全栈开发技术（见表 5-13），同时其也在不断迭代和创新，向更加智能、高效和用户友好的方向发展。

表 5-13　当前 Web 技术发展的主要特点和趋势

序号	技术类别	主　要　特　点	发　展　趋　势
1	前端技术	前端开发领域涌现了许多新的技术和框架，如 React、Vue. js、Angular 等，这些框架提供了更加高效、灵活和现代化的前端开发方式	前端技术也在不断向移动端、桌面端等多平台拓展，实现跨平台开发与用户体验
2	后端技术	后端开发领域也有许多成熟的技术和框架，如 Node. js、Spring Boot、Django 等	后端开发方式，支持快速构建稳定、高性能的 Web 应用程序

（续）

序号	技术类别	主 要 特 点	发 展 趋 势
3	全栈开发	全栈开发成为一个热门的趋势，即开发人员不仅要熟悉前端技术，还要了解后端技术，能够负责整个 Web 应用程序的开发	全栈开发向稳定化、高效化发展，可以更好地协调前后端开发工作，提高开发效率
4	前后端分离	前端和后端开发可以独立进行，通过 API 进行数据交互	这种架构可以提高开发效率、降低耦合度，使得前后端开发更加灵活和可维护
5	响应式设计	随着移动设备的普及，响应式设计成为了一个重要的设计原则，即网站能够适应不同设备和屏幕尺寸的展示	响应式设计注重提升用户体验，使得网站在不同设备上都能够良好展示

Web 技术的发展对人工智能教学资源建设产生了积极的影响，结合半导体产业及人才培养特点，可以在以下几个方面加强人工智能技术的融合。

1）在线学习平台：随着 Web 技术的发展，越来越多的在线学习平台得以建立，实现了智能评测、智能分析、智能推荐的学习方式。基于 Web 技术，可以建设专注于半导体领域或具有丰富半导体课程资源的在线学习平台，开发涵盖前端和后端制造操作、芯片设计原理、人工智能学科交叉、MEMS 和光电等最新技术的产业专属课程，提供丰富多样的人工智能赋能的教学资源，如视频课程、在线实验室、智能辅导系统等。人工智能技术可以通过分析学生的学习行为、兴趣和能力，为其提供个性化的学习资源和学习路径。基于学习者的特点，智能化的推荐系统可以为学生推荐适合其需求的学习内容，提高学习效率和兴趣度。

2）个性化学习体验：借助 Web 技术，教育机构和教育科技公司可以开发个性化的学习资源和工具，根据学生的学习需求和兴趣，为其提供定制化的学习体验。通过智能化的推荐系统和学习路径规划，学生可以更加高效地学习半导体领域相关知识。人工智能技术也会用于开发智能化的半导体和集成电路教学辅助工具，如智能导学系统、智能作业批改系统等。这些工具可以根据学生的学习情况和表现，提供个性化的学习支持和反馈，帮助学生更好地理解知识、提升技能。

3）互动性和实时性：Web 技术的发展使得教学资源具有更强的互动性和实时性。教师和学生可以通过在线平台进行实时互动、讨论和反馈，提高教学效果。同时，基于 Web 的实时数据分析和反馈系统可以帮助教师更好地了解学生的学习情况，及时调整教学策略。

4）跨平台和跨设备支持：Web 技术的特点之一是跨平台和跨设备支持，教学资源可以在不同设备和操作系统上运行，提供更广泛的学习渠道。学生可以通过个人计算机、平板电脑、手机等设备访问教学资源，随时随地进行学习。

5）虚拟实验室和模拟环境：结合人工智能技术和 Web 技术，可以开发虚拟实验室和模拟环境，帮助学生进行实践性学习。人工智能通过建立个性化的模拟场景，利用虚拟现实（VR）和增强现实（AR）技术，模拟真实的半导体和集成电路实验环境。学生可以在虚拟环境中进行实验操作，观察实验现象，理解实验原理，实现学生个性化学习，加深对知识的理解和掌握，促进技能的形成，提高实践能力和创新能力。

6）智能化评估和反馈：人工智能技术可以用于智能化的学习评估和反馈。通过数据分析和机器学习算法，教师可以更全面、客观地评估学生的学习情况，及时发现问题并提供个性化的反馈和建议，帮助学生改进学习策略，提高教学的效果和质量。

7）自适应学习系统：人工智能技术可以支持自适应学习系统的开发，根据学生的学习进度和表现，动态调整学习资源和难度，提供个性化的学习体验。这种自适应学习系统可以帮助学生更有效地学习，提高学习效果。

综合来看，人工智能技术对基于 Web 技术的教学资源建设产生了积极的影响，使教学资源更加智能化、个性化和高效化。通过结合人工智能技术和 Web 技术，教育机构和教育科技公司可以针对半导体领域知识特点和实践需求开发更加智能化、互动化和个性化的教学资源，提升教学效果，促进学生的学习体验和成长。

2. 人工智能时代智能化教育教学平台特点

在人工智能技术的支持下，元宇宙、虚拟仿真和智能化教育教学平台正处于快速发展的阶段，这些新兴技术和平台正在改变半导体教育领域的面貌，为学生和教师带来了全新的学习和教学体验。

（1）元宇宙教学平台

元宇宙（Metaverse）是虚拟现实和增强现实技术的进一步发展，将虚拟环境与现实世界相结合，创造出更加沉浸式和真实的虚拟空间。人工智能技术将被广泛应用于元宇宙平台，使得虚拟环境更加智能化和个性化。智能化的虚拟导师、虚拟助手等功能将为学生提供更加个性化的学习支持和指导。通过分析学生的学习行为、兴趣和能力，系统可以为学生推荐适合其需求的学习内容和资源，提高学习效率和兴趣度。

元宇宙技术可以将半导体的三维模型、内部结构等以高度逼真的形式呈现出来，使学生能够直观地了解半导体的构造和工作原理；该技术还可以构建高度逼真的实验环境，使学生能够在虚拟空间中操作复杂的半导体设备和仪器，进行电路设计、仿真实验等。

元宇宙平台将支持智能化社交互动，人工智能技术可以通过语音识别、情感识别等技术实现更加自然和智能的交流体验。学生可以在虚拟空间中与教师和同学进行实时交流和合作，促进学习效果的提升。智能化的社交互动将有利于知识的共建共享，使学习更加生动有趣，激发学生主动交互的意愿，实现学生对学习的深层次建构。

基于人工智能技术的推荐系统将为学生提供个性化的学习内容，根据学生的学习历史、兴趣和能力，为其推荐适合的学习资源和路径。智能化的内容推荐系统可以帮助学生更快地找到感兴趣的学习内容，提高学习效率和成效。

（2）虚拟仿真教学系统

芯片生产制造的复杂度可谓是工业水平极致化的体现，一颗小小的芯片需要成百上千道工序方能完成，因此半导体设备的成本也异常高昂，使得很多高校或教育机构难以支撑起真实的先进工艺教学实验平台。人工智能的快速发展使虚拟仿真技术得以为学生提供实践性学习的机会。不同于过去虚拟仿真依赖于传统的计算机图形学、物理模拟和数学建模技术，人工智能赋能的虚拟仿真平台可通过大数据和机器学习等技术可以实现更加智能、更加逼真的虚拟仿真场景，使得学生们虽然不能在真实实验中操作机器，但通过先进的 VR/MR 可以在 3D 虚拟环境中身临其境地进行实验操作、模拟场景，加深对知识的理解和掌握。在人工智能技术的支持下，虚拟仿真的发展趋势主要体现在以下几个方面：

1）仿真精度与效率并进。人工智能技术将能够自动构建和优化仿真模型，处理更复杂的数据，根据实验数据自动调整参数，减少人工干预，提高仿真精度和效率。通过利用并行计算、分布式计算等技术，结合人工智能优化算法、大数据分析和机器学习算法，虚拟仿真平台将能够预测仿真结果，为设计决策提供更科学的依据，缩短仿真时间，提高计算效率。

2）应用场景拓展。随着人工智能技术的发展，集成电路虚拟仿真平台将不仅限于集成电路领域，还将广泛应用于智能制造、航空航天、生物医学等多个领域。针对不同领域和特定需求，提供定制化的虚拟仿真解决方案，满足多样化学习需求。结合人工智能技术，虚拟仿真平台能提供更加直观易用的界面和友好的交互方式，降低使用门槛，使学习者能轻松上手，用户可以根据仿真结果实时调整参数和场景，实现更加灵活和高效的仿真过程。

3）数据驱动与知识共享。利用大数据和人工智能技术，将仿真过程数据化、可视化，为仿真分析和决策提供数据支持；通过建立知识共享平台，促进仿真技术的交流与合作，推动虚拟仿真技术的共同进步。通过将人工智能技术与物联网、云计算、大数据等新兴技术相结合，可以加强跨学科研究合作，推动材料科学、电子工程、计算机科学等多学科交叉融合，为集成电路虚拟仿真提供新的思路和方法。

4）智能化实践性学习。人工智能技术将被应用于虚拟仿真环境中，提供智能化的实践性学习支持。智能化导学系统、实验指导系统等将帮助学生更好地进行实践性学习，提高实践能力和技能水平。通过数据分析和机器学习算法，系统可以为学生提供个性化的学习反馈和建议，帮助学生改进学习策略。

5）智能化评估和反馈。虚拟仿真平台将结合人工智能技术，实现智能化的学习评估和反馈。通过数据分析和机器学习算法，系统可以更全面、客观地评估学生的学习情况，及时发现问题并提供个性化的反馈和建议。智能化的评估和反馈系统可以帮助学生更好地了解自己的学习进度和水平，指导他们制定更有效的学习计划。

（3）智能化教育教学平台

人工智能技术将支持智能化教育教学平台的个性化学习功能，如智能化导学系统、智能作业批改系统等。这些工具可以根据学生的学习情况和表现，提供个性化的学习支持和反馈，帮助学生更好地理解知识、提升技能。教师也可以通过这些工具更好地监控学生的学习进度，及时发现问题并进行干预。同时，教学平台根据学生的学习进度、兴趣和能力，动态调整学习资源和难度，提供个性化的学习体验，帮助他们更有效地学习，提高学习效果。

此外，智能化教育教学平台将支持智能化的学习评估和反馈。通过数据分析和机器学习算法，教师可以更全面、客观地评估学生的学习情况，及时发现问题并提供个性化的反馈和建议，帮助学生改进学习策略和提高学习效果。

元宇宙、虚拟仿真、智能化教育教学平台等新技术的发展将为学习资源的获取、交互和个性化定制带来革命性的变化，推动教育教学向更加智能化、个性化和高效化的方向发展。在这一过程中，教育机构和教育者需要积极应对挑战，把握机遇，不断创新教育教学模式，为学习者提供更好的学习体验和服务。

5.4.3　智能化教育教学平台的构建

人工智能背景下，以教师、学生、企业人员、社会学习者为服务对象，融合 Web 3.0、大数据、神经网络和智能算法，应构建由学习平台、学分银行、公共服务平台和国际合作平台组成的先进半导体产业人才大数据平台，如图 5-3 所示。

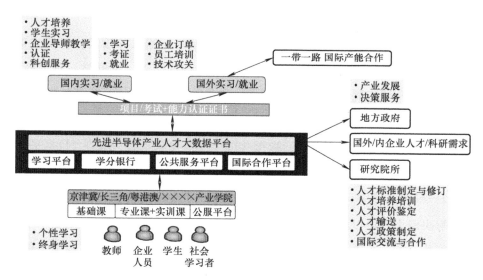

图 5-3　基于人工智能技术的先进半导体产业人才大数据平台

先进半导体产业人才大数据平台通过数据接口，整合各子平台数据，借助专业人工智能数据终端、虚拟现实教学资源组成的智能化教学平台，以实现更加智能化、个性化和高效化的教学管理和服务，服务不同学习者的个性学习和终身学习。

同时，借助大数据平台的整合作用，可以实现政府、行业、企业、学校的信息共享和交流合作，促进产教融合和新质生产力的发展。大数据平台则可以提供行业发展情况、人才数据和科研需求，可以为政府提供产业发展状态，辅助政府决策。学习平台和学分银行通过知识图谱和学习资历认证，进行学分兑换，实现学历和职业资格的互通，为高校教学、企业培训、学历提升等提供支持。公共服务平台可以为企业、院校、科研院所科研通过大数据平台获取科研需求信息，促进产学研合作和人才培养。借助大数据平台，还可以整合国际需求，为一带一路沿线国家的教育、科研和产业交流提供信息支持和平台服务。

在算法和算力建设基础上，依靠人工智能模型和数据接口技术，建设先进半导体产业人才大数据平台的基本功能。

1）数据分析与处理。可以支持多种形式信息的输入和输出，包括文本、图像、视频等。可以解析复杂的电路图、芯片结构图等，帮助学习者更好地理解和掌握知识。同时可以进行半导体产业数据资源整合，推进数据共享。平台通过构建规范化、共建、共享的数据管理体系，打造集数据采集、数据处理、可视化平台、数据分析、数据共享、报告共享等于一体的大数据平台，实现数据的高效及深度利用。

2）学习与适应。通过大量的数据训练，平台将具备一定的逻辑推理和问题解决能力，可以随着新数据的加入而不断提升性能，解决行业数据分析、学习行为分析、决策支持等问题。通过对技术文献、专利、产品数据等信息的收集和分析，能够预测新的技术趋势，提升知识学习的时效性。

3）自然语言处理。人工智能模型可以理解和生成自然语言文本，满足跨行业、跨语言的技术交流、知识传授、问题解答等需求，同时具有文档编写等方面功能。

4）数据安全与隐私保护。随着数据安全和隐私保护问题的日益突出，该平台也需要采取更加严格的数据安全措施。通过技术手段和管理流程上的保障，确保数据在收集、处理、共享等过程中的安全性和隐私性。

1. 学习平台

（1）融合式的教学平台设计

半导体产业学习平台通过构建系统化、全场景、创新性的在线教育服务体系，助推在线课程与校内教学深度融合，理论教学与虚拟实验教学融合，支撑高校线上线下多模式教学、改革与创新。以先进的网络技术和架构为基础，打通线上线下课程资源，资源库、题库一键引用，有力支撑混合式教学。一站式解决课前备课、课中互动、课后检验问题，实现课内外教学融合，并将课前预习情况、课堂互动表现等多维数据可视化，助力教师精准教学。整合虚拟仿真实验平台，推动实验教学课程与虚拟仿真实验项目的深度融合，支持具有创新性、高阶性、挑战度的实验实践类教学相关课程。通过过程性教学评价、课程运行监控、教学记录存档，稳步提升教学质量，实现资源一体化、教学场景化、数据可视化和管理智能化。

例如，北京邮电大学"晶上"平台是利用人工智能技术实现融合式教学平台的一个典型案例，其致力于打造可提供晶圆级工艺能力的智慧开放式、集成化实践教学平台，推动课程入口、服务中台、工艺基座"三位一体"集成化建设，其主要特点包括：

1）采用虚实结合手段深化知识重构，筑牢工艺基座支撑。通过虚拟环境拓展实验资源，将真实工艺产线数据虚拟化并形成基于工艺基座的虚拟实验平台，使学生在虚拟环境中不受时间和地点的限制，随时随地进行实验，为学生提供更加灵活的学习环境，提高了学习效率。

2）开发线上微课和微实验助力重构，夯实服务中台能力。通过人工智能赋能设计形式多样的微课和微实验，帮助学生巩固课堂所学知识，拓展课外知识。学生可以根据自己的时间和地点安排学习，不受时空限制，便于理解和掌握知识点，提升学习效率。

（2）智慧式的导学助学

基于以培养学生分析问题能力、解决问题能力、探索未来的能力为主旨的智慧（智能）教学（学习）指导方案，帮助教师为学生制定个性化的学习方案。

2. 半导体产业学分银行

建立半导体产业智慧（智能）学习资源图谱，包括应具备的知识、技能、能力、素质及其之间的关系，形成学习成果考核标准。在此基础上，建设我国半导体产业终生学习学分银行体系，形成半导体产业人力资源资格框架。学分银行的主要功能如下：

1）学分积累与认证：学生在学习半导体相关课程和进行实践活动时，可以通过智能教学平台记录学习数据，并将学分存储在学分银行中，实现学分的积累和认证。

2）学分交换与共享：学生可以在学分银行中交换和共享学分，促进学生之间的合作和交流，激励学生更积极地参与学习和实践活动。

通过整合智能教学平台、半导体教学资源库和学分银行，可以为学生提供更加智能化、个性化和综合化的学习支持，促进学生在半导体领域的学习和发展。同时，也可以为教师和教育机构提供更有效的教学管理和评估工具，推动半导体教育的创新和发展。

3. 公共服务平台

集成电路产业是一个高度协作化产业，技术壁垒高，分工精细。随着集成电路技术不断发展，新的工艺和设计不断涌现，促使企业在技术创新方面投入更多资源，以保持竞争力。然而，半导体产业企业、学校和科研院所之间缺乏高效的信息共享和沟通的桥梁，产生信息不对称问题。通过建立公共服务平台，可打通人才、科研院所和企业的信息交流渠道。公共服务平台的主要作用包括：

1）实现行业信息的整合和共享。公共服务平台可以整合半导体产业企业、学校和科研院所的信息资源，包括最新的技术研究成果、市场需求、人才需求等。通过平台，各方可以及时了解对方的最新动态和需求，促进信息共享和交流。

2）定制化信息推送。根据用户的需求和兴趣，定制化推送相关信息，帮助各方更好地了解对方的需求和动态。企业可以获取到学校和科研院所的最新研究成果和技术进展，学校和科研院所也可以了解到企业的市场需求和技术挑战，从而进行有针对性的技术创新和产品研发。

3）促进交流与行业合作。邀请行业专家和学术领域的专家参与，建立专家咨询和交流平台，促进跨界合作和知识共享。企业向专家咨询技术问题和市场趋势，学校和科研院所得到行业专家的指导和建议。同时促进企业、学校和科研院所之间的合作项目。通过平台，各方可以发布合作需求和项目信息，寻找合作伙伴，共同开展研究项目或技术转移，助力产学研合作，推动技术创新和产业发展。

4）数据分析和挖掘。利用大数据分析和挖掘技术，对各方提供的信息进行分析和挖掘。通过数据分析，可以发现潜在的合作机会和技术研究方向，帮助企业、学校和科研院所实现更好发展。通过数据分析和挖掘，也可为政府提供优质高效的信息咨询服务。

5）人才培养与评价体系建立。通过平台提供的资源和服务，建立人才培养和评价体系，培养集成电路领域的高端人才，对人才进行综合评价，提升行业整体的人才素质，为产业发展提供人才支撑。

6）产业链协同与生态构建。通过连接"政、产、学、研、用"，实现产业链上下游企业的有机协同，推动产业链的完善和发展，构建信息技术创新应用产业生态，促进信息技术应用创新产业的健康发展。

4. 国际合作平台

随着半导体产业的不断发展，产业链分工将更加精细化、专业化和国际化。通过国际合作平台的建设和运营，在促进半导体产业教育与人才国际交流合作方面，将起到推动跨国发展和创新的桥梁和纽带作用。

1）信息共享与传播。基于网络技术，可以提供一个全球范围内的信息共享和传播平台，让不同国家和地区的半导体产业教育机构和人才能够及时了解彼此的最新动态、研究成果，有助于促进跨国合作和交流。

2）在线教育资源。通过数据接口，与教学资源库相连，提供在线教育资源，包括课程资料、视频教学、实验模拟等。促进国际教育交流，打破时间和地域限制，共享全球优质的教育资源，提高人才培养水平。

3）国际合作项目合作。通过发布协作需求，促进半导体产业教育机构之间开展国际合作项目。不同国家的学校和研究机构可以发布合作需求和项目信息，寻找合作伙伴，共同开展科研项目、学术交流等活动。学生拓展国际视野，获得国际交流经验与机会。教师也可以通过平台邀请国际专家来校讲学、合作研究，促进教学和科研水平的提升，促进国际人才流动和合作。

5.4.4　基于人工智能的半导体领域教育技术发展趋势

当前，Web 3.0 技术、元宇宙、人工智能、大数据、区块链等技术在数字教育中深度融合，为半导体制造领域人才培养的智能化转型建立了技术基础，在产业企业的参与下，基于人工智能的半导体领域教育技术发展呈现出了如下趋势：

1）半导体制造产业与教育发展加快融合。国家方面，高度重视人工智能和集成电路产业的发展，出台了一系列政策措施支持相关领域的教育和培训。这些政策为半导体教育的发展提供了良好的外部环境和条件。产业方面，企业对产业人才的能力要求更加清晰明确，对人才的需求更加迫切，半导体制造领域的企业将深度参与领域人才培养。人工智能和半导体产业的快速发展为教育技术的提升提供了广阔的发展空间和应用场景，使得高校得以培养出和企业更适配的人才。同时，教育技术的不断创新和升级也提升了人才创新能力，促进了产业的持续进步。

2）半导体领域数字化、虚拟化、智能化的教育环境正在逐步建立。半导体人才培养，离不开实践条件的支持。受到成本、安全、可视化等因素的影响，很难建立大量真实的实践环境。依靠虚拟技术，建立仿真环境，集成电路设计、工艺制造、封测等虚拟化教学资源将不断完善。

3）个性化学习、终身学习的新模式正逐步形成。人工智能等技术将成为支持教学活动的重要工具，推动人才培养模式、教学方法改革，构建包含智能学习、实现以学生为中心的新型教育形式，为学生提供精准的教育服务，满足人们对一流的教育的需求。

第6章
人工智能时代半导体企业的人才应对策略

6.1 人工智能技术对企业人力资源管理和组织行为的影响

6.1.1 人工智能重塑人力资源管理

人工智能就像助推器或催化剂，能有效加速人力资源管理模式的迭代。在人工智能时代，企业人力资源从业者可以借助各种数字设备将信息聚集起来，建立一套算法模型将有效的信息提取出来，经过运算分析后获得更加精准的人力配置建议，从而指导企业管理者扩大或调整生产规模。虽然人力资源管理领域应用人工智能技术的时间不长，但随着数据量的几何式递增、算法模型的日益精进、算力的跨越式提升，人工智能技术可以让人力资源从业者的工作变得更加省时、便捷，也能够促进企业大幅提升经营效益和效率。

在人才招聘与选拔方面，使用人工智能技术可以实现自动化简历筛选、面试安排等任务，减轻人力资源管理者的负担。可有效克服传统管理模式下，人力资源管理者虽然花费大量的时间和精力，工作效果不理想的情况。同时，人工智能技术可以通过分析候选人的简历、社交媒体数据等，为企业提供更全面、深入的候选人评估，帮助企业更准确地找到适合的人才。

在绩效管理方面，人工智能技术可以通过收集和分析员工的工作数据，为企业提供更客观、准确的绩效评估依据。这不仅可以提高绩效管理的公正性和透明度，还可以及时发现员工的问题和需求，为企业的培训和人才发展提供有力支持。此外，通过智能分析员工的考勤数据，自动生成科学的评估报告不仅可以有效缓解人力资源管理者的工作压力，提升人力资源管理效率和质量，还能减少人工投入成本，为企业发展节省资金。

在企业人才的培训与发展方面，人工智能技术也为培训和发展提供了新的途径。通过使用虚拟现实（VR）和增强现实（AR）技术，人力资源管理者可以为员工提供身临其境的培训体验，帮助他们获得更实际的技能。人工智能技术还可以根据员工的学习需求和兴趣，提供个性化的培训计划和学习资源，也可以提供在线学习平台，这种个性化的学习方式可以更好地满足员工的需求，增强培训效果。

在员工关系管理方面，人工智能技术可以通过智能客服和在线交流平台，方便员工之间的沟通和交流。同时，人工智能可以通过大数据分析，了解员工的生活和工作状况，提供相应的关怀和支持，增强员工的归属感和忠诚度。

在人力规划方面，在人工智能时代，数据变得更加重要。人力资源管理者可以通过收集和分析员工的数据，了解他们的工作表现、离职率和满意度等指标，从而做出更准确的决策，例如制定员工留任计划、调整薪酬福利和优化绩效管理。人工智能还可以通过预测分析，帮助人力资源管理者预测未来的人力需求，制定合理的招聘计划和人才发展策略。

6.1.2 人工智能重塑企业组织管理

在组织管理方面，人工智能技术可以帮助企业实现更高效的组织管理，通过数据分析和预测算法，帮助管理者更好地了解员工的工作情况、需求和潜在问题，从而进行更合理的资源分配和团队管理。

在提高协作效率方面，人工智能技术可以通过智能日程安排系统，让团队成员可以更高效地安排会议时间、协调工作安排等方式，可以帮助企业实现更好的知识管理和信息共享，促进团队成员之间的交流和合作。

在风险管理和决策支持方面，人工智能技术可以通过大数据分析和机器学习算法，帮助企业更好地预测市场变化、竞争态势和风险因素，为企业的决策提供有力支持。

在决策优化方面，人工智能技术通过大数据分析和机器学习算法，可以帮助企业更准确、快速地做出决策，包括市场策略、产品定价、库存管理等。通过使用人工智能技术处理大量数据，还能发现隐藏的模式和趋势，为企业的战略决策提供有力支持。

在项目管理方面，人工智能技术可以协助项目经理进行项目进度的跟踪、资源分配和风险管理。通过智能算法，人工智能技术能够预测项目可能遇到的问题，并提前给出解决方案，确保项目的顺利进行。

在远程工作管理方面，人工智能技术可以协助管理者远程监控员工的工作进度和绩效，提供及时的反馈和指导。

在组织结构变革方面，人工智能技术的发展可能导致企业组织结构的变革。随着自动化和智能化的推进，一些传统的岗位可能会被替代，而新的岗位和角色将会涌现。这要求企业重新思考组织结构的设计和管理方式，以适应新的工作环境和需求。

在创新推动方面，人工智能技术可以推动企业创新。通过数据分析和挖掘，人工智能技术可以发现新的商业机会和创新点，为企业的产品开发、市场拓展等方面提供新的思路和方法。

6.1.3　人工智能技术对人力资源管理、组织行为的负面影响

尽管人工智能技术有利于对人力资源管理和组织行为造成的正面影响，例如有利于转换决策人员的思维模式、提高人力资源管理的效率、降低人力资源管理的成本等，但是目前还存在一些问题。

短期之内提高了用工成本。这主要体现在虽然人工智能技术的运用能降低企业员工劳动力的使用，但同时也给企业带来了设备维护成本的提升等问题，甚至

还对数量、质量等提出了严格要求。我国的人工智能技术目前还处于发展过程中，前期开发人员、后期维护人员等较为缺乏，尤其是人工智能核心技术方面的高级人才更是严重短缺，这些使得企业维护和保养人工智能产品的成本正在逐年提高。

对从业人员提出了更高的要求。根据目前发展现状可看出，一般的从事行政工作的人力资源管理者已经无法满足现代化企业发展需求，并且也不符合现代人力资源战略规划。因此，这些人员除了需要掌握企业运营流程管理等商业知识以外，还需要掌握更为全面的计算机技术，以便可以熟练地运用人工智能等新兴技术，提高工作效率，促进企业发展。

准确性有待加强。在人工智能技术运用期间也可能存在误差，在一定程度上影响了人员使用效果，无法实现百分之百的准确。而且人工智能技术的运用，还会受到信号、周围环境等其他因素造成的影响，从而加大误差。简单来说，人工智能技术无法全面替代人与人面对面的交流。但是在人力资源管理中，沟通占据重要位置，只有通过相互交流和沟通，才能制定出符合企业发展的战略。由于人工智能技术存有一定的偏差性，会引发信息不对称等问题，所以难免会对企业的发展造成影响。因此，人工智能技术虽然具备诸多优势，但无法全面替代人类。

6.2 人工智能在企业选才中的应用

自古以来，人才就被认为是强国之本、兴邦之基。招聘是企业人力资源管理工作中重要的一环，决定了"谁能来""能不能干""如何干""干多久"的问题。在数字化转型的新时代，人工智能等新技术可以在招聘工作领域发挥更大的价值。在招聘和选择新员工的过程中，企业通常会收集和记录大量的信息，这些信息可以被人力资源分析专家利用。所有对招聘的研究或实践都是探索企业选拔候选人的最优方式，特别是采用数据驱动的智能招聘。在这方面，可靠性和有效性非常重要。

　　传统的招聘通常采用漏斗模型，如图 6-1 所示。招聘中体现在多（数量）、快（时间）、好（质量）、省（成本）四个方面，即在较短的时间内，利用较少的成本，招聘到足够多的优秀人才。就算是现在人工智能和大数据时代，这也是衡量招聘专员工作绩效的基础指标。《当 HR 遇到 AI》一书中提到了 KSAM 模型。其中，K 表示知识，重点考察与衡量候选人是否具备岗位必备知识，解决的是候选人"能不能胜任"的问题；S 表示技能，重点考察与衡量候选人是否具备基本技巧，解决的是候选人"行不行"的问题；A 表示能力，重点考察与衡量候选人是否具备岗位要求的能力，解决的是候选人"好不好""如何干"的问题；M 表示动机，重点考察与衡量候选人的潜力及态度，解决的是候选人"愿不愿干""干多久"的问题。HR 从业者需要利用人工智能技术、大数据技术、算法模型等对水平面以下的信息进行多维度分析、洞察与呈现，为业务管理的决策工作提供辅助判断。随着人工智能技术在招聘工作中的广泛应用，招聘效率的衡量指标也需要及时迭代，从"多""快""好""省"效率指标向"价值输出"层面迭代。影响"价值输出"的因素包括有吸引力的雇主品牌、高质量的人才库、人才效力提升、具有竞争性的薪酬体系、员工敬业度、业界标杆、优秀的领导者与人才梯队、培训效益、文化促进、留才指数、降低替代成本等。

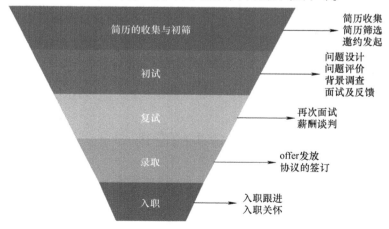

图 6-1　传统招聘的漏斗模型

人工智能在企业选才方面提供了多种方法和途径，以下是其中的一些常用方法：使用人工智能技术可以自动筛选简历，通过关键词匹配、语义分析等技术，快速识别出符合职位要求的候选人；通过分析员工的技能、经验和兴趣，以及岗位的要求和需求，可以快速找到最适合的候选人才，这种智能匹配不仅可以提高招聘效率，还可以减少招聘成本和时间；进行模拟面试，通过自然语言处理、语音识别等技术，与候选人进行实时互动，评估其沟通能力、逻辑思维能力、表达能力等，这种虚拟面试可以消除地理位置限制，使招聘过程更加灵活和高效；可以通过分析员工的绩效、能力和行为，预测员工的发展潜力和离职风险，这有助于企业及时发现和解决问题，提高员工满意度和忠诚度；可以自动化处理招聘流程中的烦琐任务，如发送面试通知、收集候选人反馈等，从而大大减轻招聘人员的工作负担，提高招聘效率；除了传统的招聘网站和猎头服务外，人工智能技术还可以利用社交媒体平台和专业论坛发布招聘信息，并主动与潜在候选人进行沟通，这种多元化的招聘渠道可以增加找到合适人才的机会；可以通过分析候选人的教育背景、工作经历、项目经验等，评估其综合素质和实践经验，有助于企业更全面地了解候选人的能力和潜力，为招聘决策提供有力支持。

总之，人工智能在企业选才方面发挥了重要作用，为企业提供了多种方法和途径来提高招聘效率和质量。然而，需要注意的是，人工智能技术虽然具有诸多优势，但也需要与人力资源部门的专业知识和经验相结合，才能发挥最大的作用。

6.3 人工智能在企业用才中的应用

人工智能在企业用才中的应用正在引领一场人力资源管理模式的革新。人工智能在企业用才中的应用为企业带来了更高效、精准和智能的解决方案，提升了人力资源管理的水平和效果。随着技术的不断进步和应用场景的不断拓展，人工智能技术将在企业用才方面发挥更加重要的作用。本节重点研究人工智能在人力成本预算编制的七种常用方法以及人工智能在促进半导体企业用才中的应用。

6.3.1　人力成本预算编制的人工智能方法

1. 数据驱动预测模型

人工智能技术可以通过收集和分析历史人力成本数据、业务增长趋势、员工绩效和市场薪酬变化等信息，构建预测模型。这些模型可以帮助企业预测未来的人力成本需求。

2. 自动化预算编制流程

人工智能技术可以自动化预算编制过程中的许多任务，如数据收集、整理、分析和报告生成等。这可以大大减少人工操作，提高预算编制的效率和准确性。自动化工具可以根据预设的规则和算法，自动调整预算分配，以适应业务变化和市场环境。

3. 智能优化算法

半导体企业可能面临多个项目、多个部门的人力成本分配问题。人工智能中的优化算法，如遗传算法、粒子群优化等，可以帮助企业找到最优的人力成本分配方案。这些算法可以综合考虑多种因素进行优先分配，如项目优先级、员工技能、部门需求等，以实现人力成本的最大效益。

4. 实时动态调整

人工智能系统可以实时监控业务数据、市场变化等因素，对人力成本预算进行实时动态调整。这有助于企业更好地应对不确定性，保持预算的灵活性和准确性。例如，当某个项目出现延期或取消时，系统可以自动调整相关的人力成本预算，避免资源浪费。

5. 员工行为分析

人工智能技术可以分析员工的工作行为和绩效数据，以预测员工未来的人力成本需求。例如，通过分析外部市场薪资动态数据、员工离职率、职业晋升趋势、培训需求等信息，帮助企业预测员工流动对人力成本的影响。基于这些分析，企业可以制定相应的策略，如针对核心、关键、骨干人才提供前瞻性、竞争性的薪资福利、提高员工满意度、加强培训和发展机会等，以降低员工流动带来的额外成本。

6. 风险预测与评估

人工智能技术可以帮助企业识别和评估人力成本预算中的潜在风险。通过分析历史数据和市场趋势，可以预测可能出现的问题，如员工流失、技能短缺、薪酬上涨等。基于这些预测，企业可以提前制定相应的应对预案，以降低风险对人力成本预算的影响。

7. 交互式预算编制工具

人工智能技术可以开发出交互式预算编制工具，使得预算编制过程更加直观和易于理解。这些工具可以为用户提供数据可视化功能和界面，帮助用户更好地理解和分析人力成本数据。通过这些工具，用户可以更加灵活地掌握和分析人工成本预算的编制和使用情况。

6.3.2　人工智能在促进半导体企业用才中的应用

半导体产业从业人员的绝对数量并不多，仍面临人才短缺的情况，特别是高端技术人才供需差距仍在拉大，这也会导致企业核心竞争力与世界一流企业拉开差距，成为产业未来发展的制约因素。从需求侧来看，半导体产业人才需求持续、快速增长。而且对于同时掌握电路设计、产品工艺、应用方案设计等多学科知识的复合型人才需求更是提升显著。复合型人才的培养需要专业知识的学习以及实践经验的累积，对从业人员的芯片设计专业知识和经验要求较高，企业投入成本较大。加强对招聘人才的使用，让员工到合适的岗位上不断锻炼，提高员工的业务水平，可以为企业创造更高的价值。人工智能在促进半导体企业用才中的应用参见表 6-1。

表 6-1　人工智能在促进半导体企业用才中的应用

应用场景	AI 的应用途径
岗位分配	协助半导体企业对招聘的员工从教育背景、工作经验、技能等方面进行评估，并基于机器学习算法，结合企业自身人才画像和胜任力模型对候选人的能力、潜力和与职位的匹配度进行预测，为岗位的分配提供有价值的参考
员工发展与培训	根据员工的个人情况和发展需求，提供定制化的培训和发展计划。通过分析员工的学习记录、工作表现和反馈，人工智能可以推荐合适的在线课程、工作坊和职业发展路径。人工智能还可以实时监测员工的学习进度和效果，为员工提供及时的反馈和指导，帮助他们更有效地提升技能和知识
绩效管理与评估	帮助半导体企业更准确地评估员工的工作绩效。通过收集和分析员工的工作数据、项目进展、客户满意度等信息，可以自动生成绩效报告和评估结果。人工智能还可以基于历史数据和机器学习算法，预测员工的未来绩效表现，为企业管理层提供决策支持
人才流失预测与应对	通过分析员工的离职数据、工作满意度调查等信息，预测员工的离职风险。这有助于企业提前采取措施，如提供更好的职业发展机会、薪酬福利等，以留住关键人才。对于已经离职的员工，还可以分析他们的离职原因和去向，为企业改进招聘、培训和绩效管理等环节提供反馈和建议
工作赋能	在半导体领域可以加速新产品的研发和创新。通过模拟和预测不同材料和设计方案的性能，帮助研发团队更快地找到最优解，提高研发效率和成功率；还可以自动分析海量的质量数据，发现潜在的产品问题和改进点，提升产品良率；在生产过程中，可以充分利用机器视觉识别、大数据检测等能力改善工艺难点和生产堵点，为提升工作效率、解决瓶颈问题进行赋能
知识管理与传承	半导体企业中，员工的经验和知识是宝贵的资产，人工智能可以帮助企业更好地管理和传承这些资产。例如，通过自然语言处理和机器学习技术，自动提取和整理员工的项目经验、技术文档等信息，形成知识库和案例库。这些知识库和案例库可以为新员工提供宝贵的学习资源，帮助他们更快地融入团队和适应工作

　　人工智能在半导体企业用才中的应用涵盖了岗位分配、培训、绩效管理、工作创新、人才流失预测和知识管理等多个方面。随着技术的不断进步和应用场景的不断拓展，人工智能在半导体企业用才领域的应用将会更加广泛和深入。

6.4　人工智能在企业育才中的应用

　　当技术快速发展时，员工面临更高的专业技能要求，需要具备持续学习和适应变化的能力。在这一挑战中，人工智能技术发挥着关键的推动作用，推动员工专业技能的全面提升。图 6-2 给出了人工智能技术推动人才专业技能提升途径。

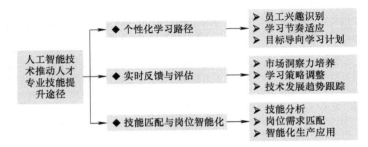

图 6-2　人工智能技术推动人才专业技能提升途径的框架图

首先，个性化学习路径的实现使员工能够根据自身兴趣、学习节奏和目标制定最适合的学习计划，从而更好地满足他们的学习需求，提高学习效率和成果。不同岗位的员工在技术密集型行业中需要掌握的专业知识和技能各不相同，个性化学习路径能够更好地帮助员工获取必要的知识。例如，在科技创新领域，工程师可能需要掌握最新的编程语言和软件工具，而市场营销人员则需要了解数字化营销和社交媒体运营策略。

其次，实时反馈与评估机制可帮助员工及时发现问题并调整学习策略，从而保持敏锐的市场洞察力和学习适应能力。在快速变化的技术环境中，员工需要及时了解行业动态和技术发展趋势，实时反馈与评估能够帮助他们保持竞争优势。例如，在半导体领域，工程师需要及时掌握最新的技术进展和工艺改进。通过实时反馈与评估，工程师能够迅速调整设计方案和生产流程，以适应新技术要求，提升产品性能和生产效率。这样，企业不仅能加快创新步伐，还能在市场竞争中保持领先地位，实现更高的经济效益和市场占有率。

最后，技能匹配与岗位智能化应用显著提高了企业的工作效率和质量。通过分析员工的技能和岗位需求，企业能够更精准地将员工与最适合的岗位进行匹配，充分发挥他们的专业优势，从而为企业创造更大的价值。例如，在半导体制造业中，智能化生产设备和数据分析技术的应用可以显著提升生产过程的效率和产品质量。先进的制造执行系统和人工智能算法可以实时监控生产线上的每一个环节，分析设备运行状态和工艺参数，快速识别并解决潜在问题。通过这种方式，工人能够更加高效地操作设备，优化生产流程，减少停机时间和废品率，最终实现更高的生产效率和产品质量，为企业带来更大的经济效益和竞争优势。

6.5　人工智能在企业留才中的应用

6.5.1　人工智能对员工留存率的预测和管理

在半导体企业行业中，员工留存对于企业的稳定发展至关重要。人工智能技术在企业留才中的应用体现在多个方面，包括对员工留存率的预测和管理。图6-3给出了人工智能对员工留存率的预测和管理的分析途径。

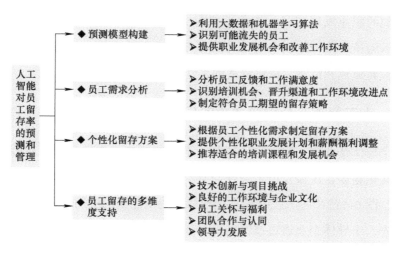

图6-3　人工智能对员工留存率的预测和管理的框架图

首先，通过人工智能构建预测模型，利用大数据分析和机器学习算法提前发现可能流失的员工，采取针对性措施进行干预，从而提高员工留存率。在半导体企业这样高度技术密集的行业中，员工的专业知识和经验对企业的发展至关重要。通过人工智能技术，企业可以更准确地预测员工流失的可能性，并及时采取措施，如提供更好的职业发展机会、调整工作环境或改善工作条件，促使员工留下并保持对企业的忠诚度。

其次，人工智能技术通过员工需求分析为企业提供科学依据，制定有效的留存策略。半导体企业的员工往往具有高度专业化的技能和知识，对于企业的各项业务都有重要的贡献。通过分析员工的需求和关注点，企业可以更好地理解员工的期望和需求，从而制定出更加贴合员工需求的留存策略。例如，人工智能系统可以分析员工的反馈、工作满意度调查结果和职业发展期望，帮助企业识别出需要改进的方面，如培训机会、晋升渠道和工作环境等，从而提高员工满意度和忠诚度。

最后，个性化留存方案根据员工的个性化需求和动机制定针对性的留存方案，进一步提高员工留存意愿和忠诚度。半导体企业的员工群体具有多样性，他们的职业发展路径、工作动机等方面存在差异，通过人工智能技术，企业可以为员工量身定制个性化的留存方案，包括提供个性化的职业发展计划、调整薪酬福利待遇、提供灵活的工作安排等。

6.5.2　人工智能在企业留才中的应用途径分析

在半导体企业中，留才途径的分析不仅包括技术创新与项目挑战和工作环境与文化建设，还涉及员工关怀与福利、团队合作与认同以及领导力发展等方面。图 6-4 给出了人工智能在半导体企业留才中的应用途径。

首先，半导体企业通过技术创新与项目挑战激发员工的创造力和积极性。这不仅能够提升员工的专业能力，还可以增强其对企业的忠诚度和留存意愿。为员工提供具有挑战性的项目任务，可以激发他们的工作激情和动力，促使他们更加愿意留在企业中长期发展。例如，可以将人工智能运用于前沿技术的研发项目或关键产品的开发，员工可以不断提升自身的技术水平和创新能力，从而获得职业成就感和实现自我价值。

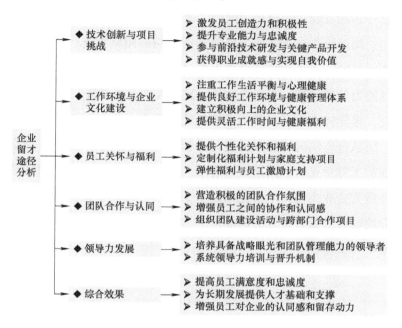

图 6-4 人工智能在半导体企业留才中的应用途径

其次，良好的工作环境和企业文化也是留才的重要因素之一。半导体企业应注重员工的工作生活平衡和心理健康，提供良好的工作环境、健全的健康管理体系和积极向上的企业文化。关注员工的身心健康和工作满意度，可以增强员工对企业的归属感和留存意愿。例如，企业可以利用人工智能重塑企业工作环境和企业文化，利用人工智能技术提供灵活的工作时间安排、舒适的工作空间以及丰富的健康福利（如定期体检、心理咨询服务和健身设施），帮助员工保持身心健康和工作积极性。

此外，员工关怀与福利、团队合作与认同以及领导力发展也是半导体企业留才途径的重要方面。通过人工智能分析企业员工的状态和相关信息，为企业员工提供个性化的关怀和福利、营造积极向上的团队合作氛围以及培养

第 6 章

优秀的领导人才，可以增强员工对企业的忠诚度和留存意愿。例如，企业可以根据员工的个人需求和职业目标，提供定制化的福利计划，如弹性福利、员工激励计划和家庭支持项目。同时，通过团队建设活动和跨部门合作项目，增强员工之间的协作和认同感，形成紧密团结的团队文化。领导力发展的重要性也不容忽视，通过系统的领导力培训和晋升机制，培养具备战略眼光和团队管理能力的领导者，为企业的长远发展提供有力支持。

因此，半导体企业可以利用人工智能对员工的喜好、工作的状态、企业的环境、团队合作情况等多方面进行分析，为员工提供广阔的发展空间和机会，增强员工对企业的认同感和留存动力。通过技术创新与项目挑战、良好的工作环境和企业文化，以及全面的员工关怀与福利、团队合作和领导力发展，企业能够有效提高员工的满意度和忠诚度，为企业的长期发展奠定坚实的人才基础和支撑。

第 3 篇

未来篇

第 7 章
人工智能时代半导体产业面临的
机遇与挑战

回顾历史，工业革命凭借其对于生产力的强大影响力和冲击力不断改变着人们的生产方式和国家的国际竞争力。如今，在科技发展日新月异的乌卡时代，面对世界百年未有之大变局，中国将主动迎接第四次工业革命，力争成为第四次工业革命的领军者。

第四次工业革命是以网络化、数字化、智能化为代表的新一轮工业革命，而人工智能技术是此次革命的标准，将成为发展新质生产力的重要引擎。随着 Chat GPT、Gemini 等大模型的问世，人工智能技术已经渗透进人们生产生活中的方方面面，并对传统生产关系产生了巨大冲击。不同于之前的科技革新，人工智能技术发展之快、应用范围之广关系各行各业。2024 年政府工作报告明确提出，中国要深化大数据、人工智能等研发应用，开展"人工智能+"行动，打造具有国际竞争力的数字产业集群。

与此同时，我国的半导体产业也在进行着革新。以碳化硅、氮化镓、氧化镓为代表的（超）宽禁带半导体材料初露锋芒，由于其能够提供更加优秀的禁带宽度、更高的导热率，能够实现更好的电子浓度和运动控制等优点，相比于传统的硅基半导体更适合制作高温、高频、抗辐射的大功率器件，在光电、微电子领域具有至关重要的地位，为 5G 技术、新能源汽车等新型产业提供了关键支撑，对我国推进产业绿色转型、实现科技自立自强具有重要意义。

展望未来，人工智能将赋能半导体产业升级，将人工智能有机融入半导体产业具有无限的机遇与挑战。首先人工智能技术能够有效推进半导体产业的转型升级，通过科技创新完善半导体产业链，推动半导体和人工智能行业人力资源的发展，反过来人工智能技术也能加速新型半导体材料的技术突破与应用，为国家科技实力进步注入强劲动能，为强化国家安全、抢占全球科技竞争中的制高点提供重要支撑。同时也应注意到，人工智能技术仍具有不确定性，其背后的伦理道德、对于生产关系的深远影响仍需要大量的研究检验，需要花费大量的资源投入来确保人工智能技术助力半导体行业繁荣发展。

本章中，我们通过大量的调研工作，从政府、产业、企业、高校、个体五个维度（见图 7-1），深度解析在人工智能时代半导体产业人力资源发展所面对的机遇与挑战。

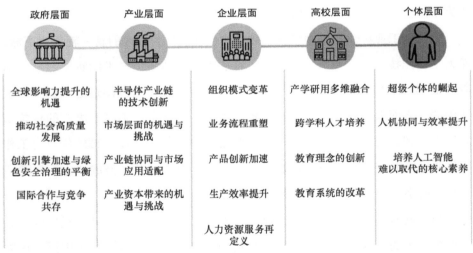

图 7-1　人工智能时代半导体产业的机遇与挑战

7.1　政府层面的机遇与挑战

作为市场的监管者和国家政策的制定者，政府决定着半导体产业的前进方向，对于半导体产业的未来具有举足轻重的影响。从政府角度来看，人工智能时代的半导体产业，向外要实现全球影响力的提升，全面参与国际合作与竞争；向内能够推动社会的高质量发展，实现创新引擎的加速与绿色安全治理的平衡。

7.1.1　全球影响力提升的机遇

在过去几十年内，伴随着我国经济的快速发展，以及科技和文化软实力的显著提升，使我国的全球影响力全面提升，也为未来人工智能时代半导体产业的发展带来了机遇。通过制定前瞻性的政策和标准，政府能够引导人工智能和半导体技术的健康发展，增强国家的技术主权；同时通过投资关键技术领域和支持国内企业的国际化发展，全面提升我国在全球半导体产业中的竞争力。

前瞻性的政策和标准对于正确引导人工智能时代半导体产业发展至关重要。政策制定不仅涉及技术标准、知识产权保护、人才引进，还包括数据安全、隐私保护等关键议题。对于半导体产业而言，政府要致力于构建一个既鼓励创新又保障安全的生态环境，吸引国内外投资和半导体、人工智能领域关键人才，增强国家在高新技术领域的自主权柄。同时通过加大对于半导体产业的资金投入，有效推动关键技术领域的自主研发，减少对外部技术的依赖，提升我国技术主权。此外，引导鼓励新型材料、芯片设计、先进制程技术和生产设备等在内的半导体关键技术的自主研发不仅可保证我国半导体生产链的稳定，更是维护国家战略安全的重要防线。

此外，政府还要支持国内企业的国际化发展以及积极参与国际合作交流。通过拓展海外市场，我国半导体企业不仅能够学习到更多国际先进经验、扩大市场份额、提升品牌的国际知名度，也能向世界传递更多的"中国声音"，有效提升我国在全球半导体产业中的竞争力。

7.1.2　推动社会高质量发展

目前我国正处于社会高质量发展的黄金时期，为人工智能和半导体技术推动产业升级与转型以及社会经济的全面发展，提升公共服务的效能与质量提供了宝贵环境。

政府能够利用以人工智能和半导体技术为代表的新质生产力作为关键驱动力，推动我国制造的数字化转型和智能化升级，从制造业为我国经济注入强大动能。

政府通过集成人工智能和半导体技术的力量，能够重塑公共服务领域，为民众带来前所未有的便捷与效率，实现全面的社会进步与可持续发展，如图 7-2 所示。人工智能和半导体技术应用于健康医疗能够为民众提供个性化治疗方案，更加合理地分配医疗资源；应用于教育领域能够高效整合教育资源，激发学生学习兴趣；应用于交通领域能够提高交通系统的安全性和效率，优化交通流量管理，提升民众生活质量。人工智能和半导体技术为社会保质保量发展提供了无限可能。

图 7-2 人工智能和半导体技术重塑公共服务领域

7.1.3 创新引擎加速与绿色安全治理的平衡

人工智能技术为半导体产业的技术创新带来了关键力量，也为半导体行业的绿色安全发展提出了更高的要求。在推进技术创新的同时，人工智能作用于半导体产业也带来了突出的技术伦理问题。政府不仅需要对半导体产业的创新引擎进行加速，还需要在数据保护、人工智能安全、绿色可持续发展之中找到对应的平衡点。

政府需要确保半导体产业在保护个人隐私、确保数据安全、保护知识产权的同时应用人工智能技术进行技术创新。人工智能技术的发展依赖海量的大数据进行收集分析，个人隐私和数据安全面对前所未有的巨大挑战，同时人工智能的应用也将大大加快半导体产业的创新速度，知识产权的保护相比以往更加重要。政府需要建立一套既能激发数据潜能，促进人工智能技术革新，又能严格保护个人信息和知识产权的法律体系和监管制度，鼓励企业合法合规地利用数据资源，又要确保技术进步不会侵犯公众的基本权利，使创新者的劳动成果得到尊重和回报，防止人工智能可能出现的"异化"现象，维持人工智能引领半导体技术创新的正确方向。

政府应鼓励半导体产业走绿色发展的道路。政府需要引领半导体产业以绿色低碳为方向进行技术创新，鼓励各企业研发环保材料，利用人工智能工具对半导体的设计和制造过程进行优化，比如采用更精细的生产工艺、更先进的芯片架构，开发能效比更高、功耗更低的半导体产品，减少碳排放，为全球绿色低碳发展贡献中国力量。

7.1.4　国际合作与竞争共存

人工智能时代的半导体产业，面临着国际合作与竞争并存的复杂局势，这对政府面向半导体产业的政策制定与外交策略提出了前所未有的挑战。随着人工智能技术的深度融合，半导体产业的技术标准制定、知识产权保护、供应链安全、数据隐私保护等问题逐渐显现。

技术标准的制定权直接关联到产业的话语权和未来的市场主导地位。在人工智能半导体领域，技术标准涵盖了芯片设计、算法接口、安全协议等多个方面，各国政府都在积极争取标准制定的主导权或是参与权，以确保本国企业能够在国际竞争中不受制于人。这要求政府在国际合作中既要维护国家利益，又要展现开放合作的姿态，通过多边谈判和参与国际标准化组织，平衡各方利益，推动形成共识。

知识产权保护是促进创新和维护国际竞争力的关键。随着技术的跨国界流动和国际合作项目的增多，如何在保护本国企业创新成果的同时，又不阻碍国际技术交流，成为政府需要解决的一大难题。政府需要构建高效透明的知识产权保护体系，加强国际间关于知识产权的法律协调与合作，打击侵权行为，为国内外企业创造公平、稳定的创新环境。

全球半导体供应链的安全稳定与数据隐私保护是半导体产业发展的重要保证。由于半导体产业链的高度国际化分工，政府应加强半导体产业链关键部分的自主研发，以确保本国的供应链安全，防止"卡脖子"现象的出现。同时政府需要参与构建开放、互信的国际合作机制，促进供应链的多元化和韧性，减少地缘政治冲突对全球科技合作的负面影响。人工智能在融入半导体领域同时引发的数据安全和隐私保护的问题，政府需要在保护公民隐私和数据主权的前提下，探索合理的数据流通规则，促进跨国数据合作，为人工智能的健康发展奠定基础。

7.2 产业层面的机遇与挑战

人工智能技术的快速发展对半导体产业带来了巨大冲击。在技术层面，人工智能技术的迭代与创新推动了半导体产业的研发、制造和测试各阶段的自动化和智能化，显著提升了工作效率和产品质量，促进了从传统人工操作向智能化生产的转型；在市场层面，人工智能技术驱动的市场需求增长，使得半导体产业在自动驾驶、智能制造和医疗科技等领域迎来了新的增长点，同时面临供需失衡和市场竞争加剧的挑战；在资本层面，资本市场为半导体产业提供了充足的资金支持，推动技术创新和产业升级，同时也面临着风险管理和国际合作等方面的新挑战。

7.2.1 半导体产业链的技术创新

随着人工智能技术的飞速进步，半导体产业面临着巨大的技术创新机遇。在满足高性能芯片需求的背景下，新型半导体材料和设备的研发、芯片设计的创新以及先进制造与封测技术的发展成为推动半导体产业链发展的关键要素。人工智能不仅在半导体材料和设备研发中发挥着重要作用，还在芯片设计和制造过程中提供了全新的解决方案，提升了生产效率。

新型半导体材料和设备的研发对于满足人工智能对高性能芯片的需求至关重要。传统的硅基材料和设备已难以满足高算力、低能耗和复杂应用环境的需求，以碳化硅、氮化镓等为代表的宽禁带半导体材料逐渐得到应用。它们凭借更高的导热率和抗辐射能力，适用于高温高压高频的工作环境。此外，融入人工智能技术的新型智能生产设备，通过精确的加工管理和实时监控，显著提高了生产效率和产品合格率。通过机器学习算法，可以更好地理解和预测材料性能，优化实验流程，加速新材料的研发进程。

芯片设计的创新是半导体产业链的核心环节，人工智能技术在这一领域的应用推动了处理器架构和存储技术的变革，而同时人工智能应用也需要大规模、高精度的运算，对芯片的系统架构、内存容量和计算性能提出了更高的要求。为此，设计人员需要不断改进架构设计理念和存储技术，利用人工智能技术深入赋能芯片设计流程，通过电子设计自动化（EDA）工具和机器学习算法优化电路设计，提高设计效率，缩短设计周期。

先进制造与封测技术的发展在半导体产业链中扮演着重要角色，人工智能技术的引入为这一领域带来了创新和变革。面对日益复杂的芯片集成需求，先进的封装技术（如3D封装、嵌入式封装和扇出型晶圆级封装等）提供了多样化的解决方案，满足了人工智能芯片的高性能需求。

第7章

7.2.2　市场层面的机遇和挑战

面对市场需求的不断增长和技术发展的迅猛进步，半导体产业在市场层面上既有着巨大的发展机遇，也面临着诸多挑战。同时，半导体产业的周期性波动、中美贸易摩擦以及技术迭代加速对企业的资金实力和技术储备提出了更高要求。全球市场的不确定性和供需失衡加剧了行业竞争，影响了整体发展。

从市场需求来看，半导体产业仍有巨大的发展空间。随着数字化转型推进，各行各业对芯片的需求将持续增长，特别是自动驾驶、智能制造、医疗科技等领域。另外，随着人工智能技术的发展，由人工智能驱动的创新智能应用也为半导体产业带来新的增长点，诸如人工智能大模型推动算力芯片的飞速增长，也促进了云端人工智能芯片应用大幅提升，加快了 Chiplet 技术的发展等。另一层面，半导体是具有明显周期性的产业。全球半导体产业经历周期性下滑后，特别是在人工智能应用的刺激下有望呈现复苏反弹态势。另外，我国作为全球最大的消费电子市场，对半导体产品的需求持续增长，为我国半导体产业提供了巨大的市场机遇。

半导体产业在市场层面充满机遇的同时也面临诸多挑战。首先，技术迭代是推动半导体产业发展的引擎，快速的技术迭代对企业的资金实力和技术储备提出更高的要求。其次，半导体产业面临严峻的供需失衡、市场同质化竞争等问题，不仅影响企业效益，一定程度上阻碍了技术创新乃至整个半导体产业的良性发展。此外，中美贸易摩擦不断升级引发的全球贸易环境的不确定性因素对半导体产业的准入及供应链产生了较大冲击，同时叠加产业周期性的影响，全球半导体产业供应链剧烈波动，供需平衡受到严重影响。

7.2.3　产业链协同与市场应用适配

随着人工智能技术的蓬勃发展，半导体产业需要面对产业链协同与市场应用适配的双重挑战。为确保我国半导体产业在人工智能时代持续领跑，打造一个以需求为牵引、技术为支撑、协同创新的产业生态，对内需要保证半导体产业链上下协同，对外需要保证市场和应用的适配，两者相辅相成，为产业稳步发展提供重要保障。

　　产业链的协同是确保半导体产品竞争力的关键。人工智能技术赋能下的半导体制造技术融合相比以往具有更高的深度和广度，对产业链的上下协同提出了更高的要求。未来的创新芯片设计可能由于过于超前的材料组合、制造精度或者过于复杂的结构设计而无法与现有的光刻、刻蚀等制造工艺匹配，导致设计产品无法落地成为实际产品，进一步导致设计资源的浪费。半导体产业链的上下游也可能存在技术脱节的问题。半导体产业链下游制造端的技术更新与工艺改进可能未能及时地传递到设计端，造成设计者在设计芯片时未能充分利用制造端最新的技术优势，造成资源浪费，也可能使得半导体产业未能及时乘上时代潮头，把握技术更新带来的市场机遇。另外，由于缺乏有效的沟通协同机制，在生产过程中上下游往往存在产品与设计部分有分歧的问题，为半导体产品快速投入市场产生阻力。面对产业链的协同挑战需要产业带头牵动半导体产业链上下游实现信息共享，建立良好的交流协同机制，确保产业链的畅通无阻。

　　市场和应用的适配是半导体产业在产品开发、技术创新及战略规划中的核心环节。人工智能技术的多元化应用带来了快速变化的市场环境和多样的半导体产品需求。在人工智能技术的推动下，新兴技术不断涌现，半导体作用的各领域不断进行技术创新，导致市场热点不断变化。而不同应用对于半导体产品的需求也有显著差异，例如用于大数据模型训练的人工智能芯片需要具备高算力、高能效比的特点，应用于 5G 以及未来 6G 通信技术的芯片则需要满足高速数据传输、宽频谱覆盖、低延迟的要求。半导体企业需要拥抱不确定性，以更高的灵活性和响应速度，跟上技术更新的步伐，精准把握市场动态，建立灵活的产品开发体系，从而快速调整产品研发方向，以适配快速变化的市场和新兴的应用需求。

7.2.4 产业资本带来的机遇与挑战

面对人工智能时代的到来，半导体产业在资本市场的支持下迎来了前所未有的机遇和挑战。资本市场不仅为半导体产业提供了充足的资金支持，促进了技术迭代和产业升级，还通过高效的金融服务推动了新技术和新产品的商业化。此外，资本市场的参与构建了完善的产业体系，推动了国际合作与交流，提高了半导体产业的整体竞争力。然而，技术更新速度加快和市场高风险特性，对资本市场的风险管理和融资渠道提出了更高要求，使得资本市场在推动产业发展的同时，也必须不断适应和应对新的挑战。

首先，资本市场为半导体产业提供了充足的资金支持。这些资金不仅加速了研发和技术创新的步伐，实现技术迭代升级和产业升级，推动了半导体技术的进步，还促进了新产品和新技术的商业化，为企业带来了更多的商业机会和创新模式。其次，资本市场通过高效金融服务，帮助企业引进新技术、新设备和新工艺，提高了产品的性能和质量，推动了半导体产业的规模化生产和智能化管理，进一步提升了产业的竞争力。再次，资本市场积极参与构建和完善半导体产业的体系，促进产业链上下游的发展和壮大，提高了半导体产业的整体效率，促进了产业的健康发展。最后，资本市场还助力半导体产业拓展国际市场，与全球伙伴建立合作关系，引进先进技术和管理经验，推动了企业的跨国并购和重组，促进了全球半导体产业的整合和发展，提高了产品的国际竞争力。在风险管理方面，资本市场为半导体产业提供了丰富的工具和机制，降低了企业的投资风险，帮助企业有效应对市场波动和技术变革带来的风险。

然而，在人工智能时代的半导体产业，资本市场也面临新的挑战。技术更新迭代速度加快，对资本市场的风险识别和管理能力提出了更高要求。高投入和高风险的特性使得半导体产业对融资渠道的效率和灵活性需求增加。

此外，市场的稳定和健康发展面临风险管理和监管的压力。国际合作与交流的必要性增强，国际先进投资理念和经验的引入成为提升支持力度的重要因素。资本市场与半导体产业的紧密关联和互动，使得资本市场在推动产业快速发展的同时，也需要不断适应产业发展的需求，以应对各种挑战。

7.3　企业层面的机遇与挑战

半导体产业在人工智能技术的推动下，面临着巨大的机遇和挑战。人工智能技术推动组织模式与业务流程的转变，以适应市场变化和技术进步；同时人工智能技术为半导体企业带来了产品创新的关键加速度，智能制造的大潮能够提升企业的生产效率和产品质量。与此同时，重新定义人力资源服务，精准匹配人才需求，成为半导体企业未来保持竞争优势的关键要素。

7.3.1　组织模式变革

随着企业业务多样性的提升，组织复杂性日益增加。AIGC 技术的应用为组织模式的变革和协同优化带来了新的机遇，推动传统科层制向更加灵活和敏捷的组织形态转变。

AIGC 技术的应用增强了 AI Agent 的功能和实用性，使得组织形态从传统的自上而下的形式向更加灵活的"海星式"结构和敏捷小组织演变。灵活的"海星式"结构和敏捷小组织有助于快速应对市场变化和创新需求，从而提升企业的整体竞争力。

人工智能技术不仅仅作为辅助工具，而是真正成为独立的生产要素。新增的数字员工将丰富的领域知识与多模态交互方式相结合，不仅可以强化企业的分析、判断和决策能力，还能广泛连接员工、数字系统和基础设施。数字员工作为企业的有机组成部分，能够全面解放现有劳动力，实现生产力组织形式的新变革。通过与企业的员工、数字化系统和基础设施的紧密结合，人工智能技术推动了组织模式的变革，使企业能够更加灵活、高效地运作。

7.3.2　业务流程重塑

人工智能技术在半导体企业的业务流程重塑中发挥重要作用，通过数据处理和算法优化，可不断重塑半导体企业的生产、管理等各项业务流程，帮助企业实现降本增效，创造理想的运营环境。

在生产流程中，人工智能技术在半导体企业的研发、制造和测试等各阶段，通过数据处理和算法优化，大幅提升了工作效率和产品质量。这一过程促进了从传统人工操作模式向自动化和智能化生产的转型，使企业能够更加高效地运作。

在管理层面，人工智能技术利用历史数据分析，在市场预测、仓储管理、员工选聘和客户满意度提升等决策支持方面发挥了重要作用。通过数据驱动的管理决策，企业能够更准确地预测市场需求，优化库存管理，提高员工选聘的精准度，进而提升客户满意度和市场竞争力。

人工智能技术的广泛应用促使半导体产业的业务模式不断迭代，推动了操作自动化、产品模块化和业务流程化。通过显著降低重复性工作的成本，人工智能技术逐步重塑了产业的竞争格局和协同机制，使企业能够在激烈的市场竞争中保持优势。

7.3.3　产品创新加速

产品创新永远是企业保持竞争优势的核心要素。人工智能时代为半导体企业指明了产品的创新方向，包括工艺技术的革新、新材料的运用、封装技术的革新和面向人工智能的芯片设计，同时人工智能技术在加速技术创新的同时也带来半导体市场的巨变，需要企业在保证产品创新力的同时做好发展规划。

工艺技术的革新、新材料的运用、封装技术的革新和面向人工智能的芯片设计是未来半导体企业的创新重点。由于人工智能领域对高效计算、低能耗和快速数据处理的需求，未来企业在工艺技术上将推进制造工艺至 7nm、5nm，甚至更微小的工艺来提高集成度、减少能耗。第三代半导体材料的应用与第四代半导体材料的探索不仅为提升芯片的性能、效率和稳定性创造了可能，更为开发新市场和创新产品提供了强大的技术后盾。封装技术的革新（如 2.5D/3D 封装和扇出型晶圆级封装等）能够优化芯片整合、缩短信号传输距离，有效降低功耗。此外，专门面向人工智能的定制化芯片，如神经网络、视觉和语音处理器将成为市场热点，人工智能技术在各行业的普遍应用也将推动 CPU、GPU、FPGA 和 ASIC 等多元计算单元在同一芯片或系统中的整合。

在利用人工智能工具加速产品创新的同时，企业也需要直面快速变化的市场环境并做好自身规划。通过高效地将人工智能算法转化为硬件实现软硬件协同优化，企业能够获得更全面的人工智能解决方案，覆盖从算法到硬件的整个链条。同时通过将人工智能嵌入设计工具，能够实现设计流程的优化，缩短产品创新周期。但与此同时，由于人工智能可作用于各行各业带来千变万化的产品需求，企业需要快速适应市场变化，包括新兴应用的需求和技术标准的更新，这要求企业具备灵活的战略规划和执行能力。

7.3.4　生产效率提升

在智能制造的大潮中，人工智能技术的深度融入成为半导体产业升级转型的驱动力，为半导体企业带来生产效率的提升机遇。面对传统生产模式的局限性，人工智能以其独特优势，能够优化半导体生产过程以及业务流程。

人工智能技术助力半导体生产过程的效率提升。以产品质检为例，产品质检是半导体生产过程中的关键环节，它直接关系产品最后的良率和性能。传统质检方法是质检员对生产出来的产品进行人工抽检，该方法效率不高且受主观因素影响较大，从而会导致较大误差。而利用人工智能技术对产品进行图像识别检测，就可以实现大规模、统一标准的高精度产品质检，从而有效减少由于缺陷漏检带来的后续生产浪费，实现降本增效。在生产过程的其他环节，通过机器学习模型对生产数据进行分析，能够预测设备维护的最佳时机，减少非计划的停机时间，保证生产的连续稳定运行，生产数据同样可以用作进行工艺分析，实现生产工艺参数的优化。人工智能技术还可以对生产流水线进行全局管理，通过订单具体情况以及市场数据合理分配产能，实现最合理最高效的生产，同时减少库存积压以及缺货的风险，提高企业的抗风险能力。图 7-3 展示了人工智能对企业生产各流程的影响。

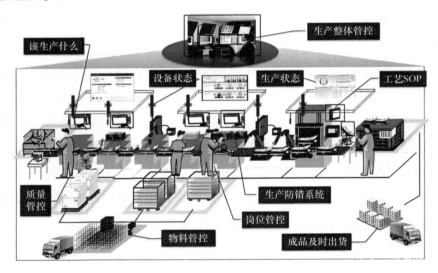

图 7-3　人工智能对企业生产各流程的影响

7.3.5　人力资源服务再定义

人工智能与半导体技术的融合使得半导体产业正处于技术革新与产业升级的关键时期，这对企业的人才战略与人力资源服务提出了前所未有的挑战。未来，企业从人才需求、人才发现到人才配置、使用、培养、评价、激励、流动等人才管理工作的各个环节都会发生变化。

相关学者指出，未来的人才管理工作者需要具备以下五条素质：一是高度适应 VUCA（易变性、不确定性、复杂性、模糊性）时代的新环境，能使自己的情绪不受环境变化的影响；二是能够高效处理信息；三是能够以跨界思维实现持续创新；四是具备以客户为中心的思维；五是具有学习敏锐度，能够保持对应知、应学内容的敏感性，以及反应的敏捷性。同时半导体企业对具有深度学习、机器学习等人工智能技术的高级人才需求日益旺盛。这类人才不仅需要掌握半导体专业知识，还需具备使用人工智能工具和掌握人工智能专业知识的能力，以推动技术创新和产品研发，保证企业竞争力，抢占市场先机。

企业各个环节的人才管理工作都将面临重新定义。企业需要建立高效的人才发现机制，利用大数据和人工智能技术精准识别潜在人才。在人才配置和使用方面，应实现跨部门协作和动态调整，以最大化发挥人才的潜力。培养和培训环节需要引入持续学习机制，帮助员工不断更新技能，保持竞争力。对于人才的评价与激励，则需发展多维度的考核体系，确保公平性和激励效果。同时，企业需设计灵活的流动机制，促进人才在不同岗位和部门之间的流动，优化人才资源配置，推动企业整体发展。

7.4　高校层面的机遇与挑战

作为人才培养和技术创新的核心阵地，肩负着为半导体产业提供人才支持和技术突破的重任，对于半导体产业的未来具有重要影响。在人工智能时代，高校既要应对技术进步带来的挑战，又要抓住机遇提升教育质量与创新能力，可通过深化产学研用的多维融合、推动跨学科人才培养、创新教育理念以及全面改革教育系统，从而更好地适应快速变化的技术环境，为社会培养出高素质的综合性人才。

7.4.1　产学研用多维融合

产学研用的多维融合是推动半导体技术进步与人才培养的关键路径，如

图 7-4 所示。人工智能时代半导体产业将向更高技术水平迈进，高校通过与半导体企业合作，进行教学内容改革和开展实习实训项目，能够进一步推进产学研用的多维融合，为高校教育与研究创新提供广阔舞台。

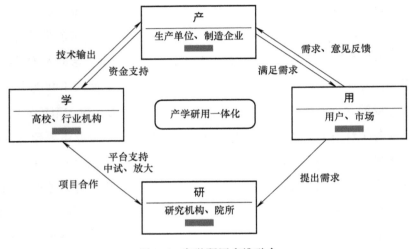

图 7-4　产学研用多维融合

高校可通过与半导体企业进行深度合作，实现教学内容与市场需求的高度匹配。通过共建实验室为学生提供半导体技术创新的平台，让学生将课堂中所学习到的半导体知识应用于实际项目中，加深对专业知识的理解，提升实践能力。企业还可以通过设置奖学金来激励学生努力学习专业知识，投身到与半导体企业前沿科技的科研项目中来，拉近学生与企业之间的距离，提升企业形象，为人才招聘工作提供助力。高校可以与企业派出的技术代表合作，将最前沿的半导体技术融入教学大纲，开设校企合作课程，保持教学内容的前沿性，确保学生毕业后能快速融入企业中。

高校能够通过与企业合作，开展实习实训项目，与企业共同培养人才。高校通过学分制鼓励学生积极参与半导体企业的实习实训，企业则为学生提供实习实训的工作机会和学习平台，让学生提前体验工作岗位，拟定职业发展方向，增强专业知识的应用能力和实践能力，缩短从学校进入职场的磨合期。实习实训项目能够有效缩短高校同半导体企业之间的距离，也可为半导体企业培养和选拔潜在员工，降低了半导体企业的招聘成本，同时也提升了高校的教学质量，提高了毕业生就业率。

7.4.2　跨学科人才培养

具有跨学科能力的复合型人才是人工智能时代半导体产业的宝贵资源。人工智能时代半导体产业对于人才的需求已从以往的单一技能转向跨学科的综合能力，这也间接推动了高校的教学改革，即以跨学科教育和跨学科研究项目培养跨学科的复合型人才，并利用人工智能技术为跨学科人才提供个性化培养方案。

人工智能对半导体产业的影响促使大学推动跨学科教育和跨学科研究项目。高校可以构建全新的教育体系，综合人工智能时代半导体产业所需的计算机科学、电子信息、材料学等内容为学生制定能够匹配未来半导体产业就业需求的培养方案，同时可以加强校企合作，通过与企业合作项目，使学生了解产业现状和所需知识结构，拓宽学术视野，培养必需的跨学科思考能力、创新能力和实践能力。

人工智能技术的应用能够为跨学科人才培养提供个性化的培养方案。通过建立大数据模型分析学生的过往经历、兴趣特长、考试成绩等，让每名学生都能按照最适合自己的学习计划进行学习，从而提升学生的学习积极性与学习效率。这种个性化的教育模式与传统"一刀切"的教育方式不同，充分尊重学生个体差异，真正做到因材施教，能够培养出更具专业素养、更具解决问题能力的优质跨学科人才，真正实现教育平权，这也符合人工智能时代下半导体产业对于高质量人才的期待。

7.4.3　教育理念的创新

教育理念的创新是培养适应未来社会和技术发展的综合性人才的前置条

件。将人工智能融入教学过程是高校顺应技术发展趋势、培养未来人才的重要创新方向。高校需要主动拥抱生成式人工智能，同时注重人工智能素养和不容易被人工智能淘汰的技能的培养。

高校应充分利用生成式人工智能推动教学过程的智能化。生成式人工智能应用在教育中，可以实现个性化教学、智能评估和自动化资源分配，有助于提升教学效率和效果。然而，广泛应用人工智能技术需要大规模的系统改造和资源投入，高校在技术、资金和管理方面都面临巨大挑战。此外，社会对人工智能的抵触情绪增加了教育改革的难度。在推动教育改革的同时，高校还需确保对人工智能技术的有效监管。

在教育理念创新中，注重人工智能素养和不容易被人工智能淘汰的技能的培养尤为重要，表 7-1 展示了人工智能素养的能力框架。学生不仅需要掌握使用人工智能工具的能力，更需理解其运作原理和潜在影响。这要求高校在课程设置中融入人工智能素养教育，帮助学生建立对人工智能技术的全面认识。同时，培养创造力、批判性思维、团队协作能力等不容易被人工智能取代的技能，也应成为教育重点。这些技能的培养，不仅能够提升学生的综合素质，还能帮助他们在快速变化的职场环境中保持竞争力。然而，这种教育理念的推广与落实，面临着师资力量不足、评价体系不完善等现实困难。

表 7-1　人工智能素养能力框架

序号	能　　力	描　　述
1	识别 AI	区分使用和不使用人工智能的技术工具
2	理解智能	批判性地分析和讨论使实体"智能"的特征，包括讨论人类、动物和机器智能的差异
3	跨学科性	认识到有多种方式思考和开发"智能"机器，识别使用人工智能的各种技术，包括涵盖认知系统、机器人学和机器学习的技术
4	通用与窄领域 AI	区分通用人工智能和窄领域人工智能
5	AI 的优势和劣势	识别 AI 擅长的问题类型以及对人工智能而言更具挑战性的问题类型
6	想象未来 AI	想象 AI 的可能未来应用，并考虑这些应用对世界的影响

（续）

序号	能　力	描　述
7	表征	理解知识表征是什么并描述一些知识表征的示例
8	决策	识别和描述计算机如何推理和做决策的示例
9	机器学习步骤	理解机器学习过程中涉及的步骤及每个步骤所带来的实践和挑战
10	人在人工智能中的角色	认识到人在编程、选择模型和微调人工智能系统中扮演重要角色
11	数据素养	理解基本的数据素养概念
12	从数据中学习	认识到计算机经常从数据中学习（包括个人的数据）
13	批判性解读数据	理解数据需要解释，描述初始数据集中提供的训练示例如何影响算法的结果
14	行动与反应	理解人工智能系统如何在世界中行动，可以由更高层次的推理指导，也可以是反应性的
15	传感器	理解传感器是什么，认识到计算机如何使用传感器感知世界，并在各种设备上识别传感器
16	伦理	识别并描述关于人工智能的关键伦理问题
17	可编程性	理解代理是可编程的

7.4.4　教育系统的改革

随着人工智能和半导体技术的飞速发展，教育系统的改革是人工智能时代高校教育质量的关键保证。要实现教育理念的创新，提升教学质量和培养适应未来社会需求的综合性人才，高校教育系统需要从多个方面进行全面改革，包括课程体系的重构、教学方式的革新以及评价体系的改革。

高校课程体系的更新需要跟上半导体产业发展的步伐。当前的课程设置较技术发展相对脱节，需要通过引入前沿技术内容来更新课程，确保学生掌握最新的行业知识。高校应与行业紧密合作，制定符合产业需求的课程标准，涵盖人工智能、半导体技术及其相关应用。此外，高校还应注重跨学科融合，促进不同学科之间的协同创新，培养学生的综合素质和创新能力。

教学方式的革新是教育系统改革的关键。传统的教学模式难以满足个性化和多样化的学习需求，而生成式人工智能的应用，为个性化教学和智能评估提供了新的可能。高校应采用灵活的教学方法，如在线学习、混合式教学和项目制学习，结合人工智能技术，提升教学效果。同时，教师需要具备使用和管理这些新技术的能力，学校应加强对教师的培训和继续教育，确保教师能够胜任新形势下的教学任务。

评价体系的改革也是教育系统改革的重要组成部分。当前的评价体系过于单一，往往只关注学生的考试成绩，忽视了对学生综合能力的评价。高校应建立多元化的评价体系，注重学生的实际应用能力、创新能力和综合素质的培养。通过多样化的评价方式，如项目展示、技能竞赛和综合素质评价等，全面衡量学生的学习成果和发展潜力。

7.5 个体层面的机遇与挑战

在人工智能技术的推动下，半导体产业正迎来超级个体的崛起和人机协同效率的显著提升。未来的发展趋势显示，具备跨学科能力和实践经验的复合型人才将成为行业的核心竞争力所在。他们不仅能够在材料、设计、制造等领域驱动技术创新，还能借助人工智能优化个性化学习路径和工作效率，持续提升自身在半导体产业的适应性和竞争力。此外，培养不易被人工智能替代的分析思维、创造性思维以及大数据能力等核心素养，将成为个体在激烈竞争中脱颖而出的关键因素，助力推动行业技术革新，确立其不可或缺的中坚地位。

7.5.1 超级个体的崛起

人工智能技术助力个体实现更高效的职业发展和学习成长，推动超级个体的涌现，为半导体产业注入新的活力和创新动力。随着人工智能技术的融入，半导体产业对人工智能技术相关人才的需求日益增长。世界经济论坛

《2023年未来就业报告》中的数据显示，未来十年增长最快的工作岗位之中，机器学习等人工智能相关领域的工作岗位位居前列，这为具备相关技能与实践知识的个体提供了更多的就业机会。个体有机会直接参与到推动技术革新的工作中，特别是具有跨学科能力和实践知识的复合型人才，他们不仅能够在材料、设计、制造、封装等领域进行技术创新，还能在跨领域合作中发挥重要作用。

人工智能技术推动了包括材料、设计、制造、封装等行业的快速技术创新，跨领域的合作不断加强，因而需要更多跨学科人才来引领半导体产业前进。如果个体能够同时掌握材料学、物理学、计算机科学、人工智能等相关知识和实践经验，就能够更好地把握半导体领域的新兴技术并应用到工作中，形成自身的竞争优势。这些复合型人才还能够从更多角度对技术进行创新，提出更综合、更可靠的解决方案，成为半导体企业中不可或缺的中坚力量。

人工智能技术还优化了个体的学习路径和工作效率，辅助个体生成个性化的学习计划和职业规划。通过对个体工作内容、项目经历、兴趣等数据进行大数据分析，人工智能可以推荐学习内容、制定学习计划，推动个体进行技能学习、提升职业技能、增强职业竞争力。人工智能还能够整合适合个体的学习资料，无论是视频网站、专业论坛、开源社区等平台，使个体都可以快速高效地找到所需的高质量课程、教程、科研文献等内容，提升学习效率，增强个人职业适应性。

7.5.2 人机协同与效率提升

高效率工作是人工智能时代半导体产业个体必备的核心竞争力。人工智能时代下，"人+AI Agent"的人机协同模式将成为未来的主流工作模式，AI Agent能够提供科学的工作策略与自我管理方法，同时辅助工作中的各个环节，带来显著的工作效率提升。

科学的工作策略与自我管理方法是实现高效率工作的重要保证。AI

Agent 能够通过行程安排、健康管理等方式帮助个体合理进行时间管理、合理阶段性规划工作内容，确保高效率的同时留有缓冲余地，也便于团队协作与沟通，提升团队协作效率，减少重复劳动，集中精力于核心任务。

　　AI Agent 通过参与工作的各个环节带来工作效率的提升。例如 AI Agent 能够提供智能助理、会议记录、数据分析决策等功能，为个体分担繁重的工作压力，避免重复性的工作带来的人力资源浪费。同时在生产方面，AI Agent 还能够统筹协调个体与设备的人机协同，综合各种复杂技术实现个体工作效率的最大提升，如图 7-5 所示。

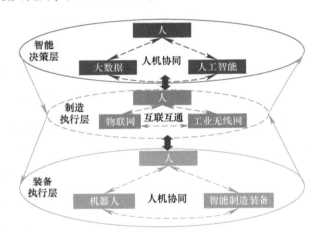

图 7-5　生产过程中的人机协同

7.5.3　培养人工智能难以取代的核心素养

　　随着人工智能技术的快速发展，半导体产业的人才竞争将日益激烈，人工智能将为个体的职业发展带来巨大变动。个体要在这一竞争激烈的行业中脱颖而出，必须培养不容易被人工智能取代的核心素养。

　　根据世界经济论坛《2023 年未来就业报告》显示，企业在未来五年内将优先考虑发展员工的分析思维、创造性思维、技术素养和终身学习等能力。这些能力不仅难以被人工智能取代，还将成为个体在半导体企业中保持核心竞争力的重要保证。具体而言，个体需要注重以下几个重点方面：

1）培养分析思维和创造性思维：在半导体产业中，复杂问题的解决和创新设计是日常工作的重要组成部分。具备分析和创造性思维的个体能够更好地理解和处理数据，从中发现潜在的问题和机会，提出创新的解决方案。

2）具备灵活性和敏捷性：面对快速变化的技术和市场环境，具备灵活性和敏捷性的个体能够迅速适应新的挑战，调整自身的工作方法，保持高效的工作状态。

3）具有较强的内在动机和自我意识：强烈的内在动机和自我意识可以驱动个体不断追求卓越，主动学习和成长。这些软技能对于长期职业发展至关重要。

4）技术素养和终身学习：技术素养是半导体产业的基础，终身学习的态度则是保持专业知识与时俱进的关键。个体应积极利用人工智能技术优化自己的学习路径和工作效率，获取高质量的学习资源，提升自身技能。

人工智能时代半导体产业的个体需要通过培养这些关键素养来应对新的挑战，抓住发展机遇。只有这样，才能在激烈的竞争中脱颖而出，推动技术革新，成为不可或缺的中坚力量。

第
7
章

CHAPTER 8

第8章
人工智能时代半导体产业发展应对策略

人工智能时代，新世界的大门已经打开，未来已来，就在眼前。一切正在经历重构与协同演化，在这个关键阶段，我们是见证人也是共创者。政府、企业、院校、个人都需要考虑如何应对。

8.1 政府应对策略

在人工智能时代，半导体产业作为现代信息技术的核心，其重要性不言而喻。政府在推动半导体产业适应新时代的过程中，应制定并实施一系列短期、中期和长期的策略，以确保产业的稳健发展和国家的竞争力。

1）短期目标：快速响应与基础稳固，见表8-1。

表 8-1　人工智能时代政府应对策略建议（短期）

目标	确保半导体产业链的稳定，加速人工智能技术在半导体领域中的应用，同时提升国内半导体企业的国际竞争力
应对策略	1. 基础设施建设：加速5G/6G网络和数据中心的建设，为人工智能应用提供必要的通信和计算基础设施 2. 法律与伦理框架：制定清晰的数据保护和隐私法规，同时建立人工智能伦理审查委员会，确保技术的安全和负责任使用 3. 教育改革：积极推进教育教学相关改革行动，启动人工智能及数字化素养提升行动。启动培训计划，提升现有半导体产业工作者的人工智能技能；同时增设人工智能与半导体交叉学科的课程 4. 财政激励：提供税收优惠、研发补贴和贷款担保，促进人工智能与半导体产业的融合发展 5. 试点工作：围绕"人工智能+半导体"，面向院校、企业、科研机构积极开展应用案例征集与试点模式推广，发挥示范引领作用

（续）

实施建议	1. 政府应设立专项基金，用于支持人工智能和半导体技术的研发项目，特别是那些有潜力实现快速商业化的创新 2. 与国际伙伴加强合作，共享供应链信息，共同抵御全球市场的波动 3. 建立"产学研"一体化的培训平台，连接企业、高校和研究机构，加速人才流动和知识传播 4. 设立快速响应小组，专责处理人工智能技术在半导体产业应用中的法规和政策问题

2）中期目标：创新驱动与产业升级，见表8-2。

表 8-2　人工智能时代政府应对策略建议（中期）

目标	构建以人工智能为核心的半导体创新生态，推动产业向更高附加值的领域转型，提升国家在全球半导体产业链中的地位
应对策略	1. 产业政策引导：发布国家层面的半导体与人工智能融合的产业发展规划，引导资源向高技术含量和高附加值领域集中 2. 核心技术自主化：持续投资于人工智能芯片设计、先进封装和新材料等核心技术的研发，减少对外部技术的依赖 3. 创新生态构建：建立国家级的半导体与人工智能融合创新中心，促进政产学研用的深度合作 4. 科研投入：增加对人工智能算法、半导体新材料和先进制造技术的基础研究投资，支持关键技术的突破 5. 教育改革深化：积极深入推进教育教学相关改革行动，将人工智能技术融入教育教学，创新人才培养模式，培养人工智能+半导体人才 6. 试点示范推广：积极推广"人工智能+半导体"应用 7. 国际合作：参与或主导人工智能和半导体技术的国际标准制定，增强我国企业在国际市场的影响力
实施建议	1. 制定详细的科研资助计划，优先支持那些有望带来颠覆性创新的项目 2. 建立与主要经济体建立高级别的对话机制，就人工智能和半导体技术的国际规则进行协商 3. 推动大型企业与初创公司、高校、研究机构之间的合作，形成创新链的闭环

3）长期目标：自主可控与全球领导力，见表8-3。

面对强人工智能时代的挑战，政府在半导体产业的应对策略应兼具短期的快速响应能力、中期的创新驱动能力和长期的自主可控能力。通过精准施策和系统布局，使我国不仅能在全球半导体产业中占据一席之地，还能引领

产业向更智能、更高效、更安全的方向发展。政府、企业、教育机构和研究
机构应携手合作，共同为实现这一宏伟目标而努力。

表 8-3　人工智能时代政府应对策略建议（长期）

目标	实现半导体产业的自主可控，确立中国在全球人工智能（AI）与半导体融合领域的领导地位，引领新一轮科技革命和产业变革
应对策略	1. 产业政策引导：发布国家层面的半导体与人工智能融合的产业发展规划，引导资源向高技术含量和高附加值领域集中 2. 创新生态构建：建立国家级的半导体与人工智能融合创新中心，促进政产学研用的深度合作 3. 科研投入：增加对人工智能算法、新材料和先进制造技术的基础研究投资，支持关键技术的突破 4. 教育改革深化：积极深入推进教育教学相关改革行动，将人工智能技术融入教育教学，创新人才培养模式，培养人工智能+半导体人才 5. 试点示范推广：积极推广"人工智能+半导体"应用 6. 伦理与安全框架：建立健全人工智能伦理和安全监管框架，确保技术发展与社会伦理同步 7. 全球市场布局：拓展海外研发和生产基地，提升我国半导体产品在全球市场的占有率
实施建议	1. 设立国家层面的半导体与人工智能融合技术攻关计划，集中力量突破关键核心技术 2. 与全球知名高校和研究机构建立长期合作关系，共同培养具有国际视野的高端人才 3. 建立人工智能伦理审查委员会，定期评估人工智能技术在半导体行业应用中的伦理风险 4. 制定"走出去"战略，鼓励我国半导体企业在全球范围内建立研发中心和生产基地，提升国际竞争力

8.2　企业应对策略

　　人工智能时代，半导体企业面临着前所未有的挑战与机遇。为了在这一
变革中保持竞争力，企业需要制定并执行一系列清晰、具体且可操作的短期、
中期和长期策略。

1）短期目标：快速响应与市场适应，见表 8-4。

表 8-4　人工智能时代企业应对策略建议（短期）

目标	确保企业能够在短期内迅速响应市场变化，充分利用人工智能技术提升运营效率和产品质量
应对策略	1. 技术整合：将人工智能技术融入现有的生产、设计和测试流程，以提高精度和效率 2. 技术攻关：组织柔性团队积极开展人工智能芯片设计、先进封装和新材料等核心技术的研发 3. 供应链优化：利用人工智能进行供应链管理，提高物料采购和库存控制的准确性，降低运营成本 4. 人才培训：对现有员工进行人工智能技术及相关素养培训，确保团队能够理解和应用人工智能相关工具，提升工作效率与工作能力
实施建议	1. 与人工智能技术提供商合作，引入成熟的人工智能解决方案，快速提升生产线的智能化水平 2. 建立供应链预警系统，利用人工智能预测市场变化和潜在的供应链中断，提前做好应对准备 3. 开展企业内部培训计划，定期举办人工智能技术研讨会和培训课程，确保员工掌握最新的人工智能应用技巧

2）中期目标：创新与市场扩展，见表 8-5。

表 8-5　人工智能时代企业应对策略建议（中期）

目标	通过技术创新和市场拓展，巩固企业在人工智能赋能半导体领域的领先地位
应对策略	1. 产品创新：开发基于人工智能的新型半导体产品，满足新兴市场需求，如自动驾驶、物联网、云计算等 2. 市场拓展：利用人工智能技术优势，开拓新市场，尤其是那些对高性能和低功耗有严格要求的领域 3. 组织结构调整：积极优化调整企业组织结构适应企业发展
实施建议	1. 建立专门的研发团队，专注于人工智能与半导体技术的融合，推动创新项目的快速孵化 2. 与下游客户合作，了解其人工智能应用的具体需求，定制化开发半导体解决方案 3. 利用人工智能技术进行市场分析，识别潜在的高增长市场领域，制定针对性的市场进入策略

第 8 章

3）长期目标：自主可控与全球领导力，见表 8-6。

表 8-6　人工智能时代企业应对策略建议（长期）

目标	实现核心技术的自主可控，确立企业在全球人工智能与半导体融合领域的领导地位
应对策略	1. 自主技术：持续投资于人工智能芯片设计、新材料和先进制造技术，减少对外部技术的依赖 2. 标准制定：参与或主导人工智能和半导体技术的国际标准制定，增强行业影响力 3. 全球化布局：建立全球研发和生产基地，提升企业在全球市场中的竞争力
实施建议	1. 建立长期的科研合作计划，与国内外顶级研究机构和高校建立合作关系，共同开展前沿技术研究 2. 加强知识产权保护，建立专利池，确保企业的技术优势得到法律保障 3. 实施"走出去"战略，通过海外并购、设立分公司等方式，拓展国际市场份额，提升品牌全球影响力

　　面对人工智能时代的挑战，半导体企业需要制定并实施一系列综合策略，涵盖技术创新、市场拓展、人才发展和全球化布局等多个方面。政府的政策支撑对于企业实现这些策略至关重要，双方应紧密合作，共同推动半导体产业在人工智能时代的繁荣与发展。

8.3　院校应对策略

　　在人工智能时代，教育机构面临培养适应未来科技需求人才的重大责任。尤其在半导体产业，随着人工智能技术的深度融合，对专业人才的知识结构和技能要求正在发生根本性转变。为此，院校需制定并实施一系列策略，以确保教育体系与行业需求的无缝对接。以下是针对半导体产业，教育机构的短期、中期和长期策略分析。

　　1）短期目标：快速响应与能力升级，见表 8-7。

表 8-7　人工智能时代院校应对策略建议（短期）

目标	调整课程设置，强化人工智能与半导体交叉学科的教学，确保在校学生初步具备的人工智能技术应用能力
应对策略	1. 课程重构：引入人工智能基础理论、机器学习算法、数据科学等相关课程，与半导体物理、集成电路设计等传统课程融合 2. 实践教学：设立人工智能实验室，提供半导体设计软件和人工智能工具的实操训练，让学生亲自动手解决真实问题 3. 师资培训：组织教师培训，引入人工智能专家进行专题讲座，提升教师队伍的人工智能教学能力
实施建议	1. 与行业领军企业合作，邀请半导体和人工智能领域的工程师客座授课，分享行业实战经验 2. 利用在线教育资源，补充人工智能理论与技术的最新进展，确保课程内容的时效性

2）中期目标：深化研究与创新生态，见表 8-8。

表 8-8　人工智能时代院校应对策略建议（中期）

目标	建立以人工智能为核心的半导体研究平台，促进产学研深度融合，提升院校的科研创新能力
应对策略	1. 研究项目：设立人工智能与半导体融合的研究基金，鼓励师生参与前沿课题，如人工智能芯片设计、智能材料等 2. 合作网络：与企业、研究机构建立长期合作关系，共同承担国家和地方的重点科研项目 3. 创新孵化：创建创新孵化器，为学生和教师的科研成果提供转化渠道，加速技术商业化
实施建议	1. 设立校企联合实验室，让师生直接参与到企业的真实项目中，增强问题解决能力 2. 定期举办学术研讨会和产业论坛，促进知识交流，激发创新灵感

3）长期目标：构建人才生态与国际影响力，见表 8-9。

表 8-9　人工智能时代院校应对策略建议（长期）

目标	培养一批具有国际视野的半导体与人工智能交叉学科领军人才，提升院校在全球教育与研究领域的影响力
应对策略	1. 终身教育：建立终身学习体系，为毕业生和产业从业者提供继续教育机会，跟进人工智能技术的最新发展 2. 国际交流：与海外知名高校和研究机构建立合作伙伴关系，开展联合培养项目和交换生计划 3. 校友网络：构建强大的校友网络，为在校学生和毕业生提供职业指导和行业资源

第 8 章

（续）

实施建议	1. 设立海外分校或研究中心，吸引国际学生和教授，增强国际招生的吸引力 2. 利用校友资源，定期举办职业发展讲座和招聘会，帮助学生顺利过渡到职场

面对强人工智能时代的挑战，高等教育机构在半导体产业人才培养上的角色至关重要。通过短期的课程调整、中期的研究深化以及长期的人才生态构建，院校能够为社会输送更多具备跨学科知识和技能的优秀人才，为我国半导体产业的持续发展贡献力量。

8.4 个人应对策略

1）短期目标：提升个人能力，见表 8-10。

表 8-10　人工智能时代个人应对策略建议（短期）

目标	提升个人技能和知识，特别是与人工智能相关的技术。加强对半导体行业，以及最新的人工智能应用和趋势的了解
应对策略	1. 参加相关的培训课程和研讨会，提升对人工智能和半导体技术的理解 2. 关注行业动态，阅读最新的研究报告和新闻，了解人工智能在产业的最新应用 3. 实践项目经验，参与一些小型的人工智能项目或实习，积累实际操作经验
实施建议	1. 利用在线平台进行自主学习 2. 参加由行业协会或大学组织的技术交流会 3. 通过实际项目锻炼自己的技术能力

2）中期目标：与人工智能协同工作，见表 8-11。

表 8-11　人工智能时代个人应对策略建议（中期）

目标	在特定领域内成为专家，能够在人工智能和半导体产业中找到高薪工作。建立自己的专业网络，与业内的重要人物和企业建立联系
应对策略	1. 深入研究某一细分领域的人工智能技术，如生成式人工智能、智能算法等 2. 参与更多的行业项目，争取在大型企业或研究机构中获得职位 3. 发表学术论文或专利，提升自己的学术影响力和行业地位

（续）

实施建议	1. 选择一个有前景的细分领域进行深入研究 2. 积极参与行业内的各种活动和竞赛 3. 与行业内的重要人物保持联系，寻求合作机会

3）长期目标：引领产业发展，见表 8-12。

表 8-12　人工智能时代个人应对策略建议（长期）

目标	成为行业内的领导者，能够引领人工智能和半导体技术的发展方向
应对策略	1. 持续关注全球科技趋势，特别是人工智能和半导体领域的最新进展 2. 加强跨学科合作，结合计算机科学、物理学、材料科学等多个领域的知识，推动技术创新 3. 积极申请科研基金和政府支持项目，为自己的研究和创业提供资金保障
实施建议	1. 建立自己的研究团队，吸引优秀的年轻人才 2. 与高校、研究机构和其他企业建立合作关系，共同推进技术研发 3. 积极申请专利和奖项，提升自己的学术和社会影响力

　　个人在人工智能时代的成功，不仅取决于个人的努力，也需要政府和社会的支持。个人应当保持学习的态度，勇于接受新挑战，同时政府应当创造有利的环境，促进整个行业的健康发展。

CHAPTER 9

第 9 章
人工智能时代半导体产业的未来展望

9.1 未来人工智能时代对半导体产业的影响展望

　　未来人工智能在半导体领域会带来颠覆性的创新，将重新定义行业、企业和个人之间的关系。在未来人工智能时代，个人的想象力将经由半导体技术得到大幅放大，成为一种极富有创造性的新质生产力。然而这种创新力也需要符合行业提供的标准化框架。行业将提供基础技术能力，构建新型技术生态环境，确保企业之间技术平权，引领和维护半导体产业走向科技自立自强；企业将会提供通用型人工智能平台，不仅能成为企业与个人之间的沟通桥梁，也是对个人能力发展的支持。

9.1.1 全球半导体技术生态系统的构建

　　在未来人工智能时代，全球半导体产业将迎来前所未有的技术革新和市场扩展。联合研发协议、产业联盟、国际贸易协议和标准制定组织将在这一进程中发挥重要作用，如图 9-1 所示，它们不仅为半导体行业的发展确定了方向，同时也确保了产业的透明度和规范性，从而保证半导体产业始终朝着预期的方向发展。

　　在半导体产业中，联合研发协议是国际合作的重要形式。它为各国和企业提供共同研究和开发的桥梁，加速新技术的孵化和商业化，并通过跨境合作共享研发资源，降低研发成本和风险，推动半导体产业全球化。

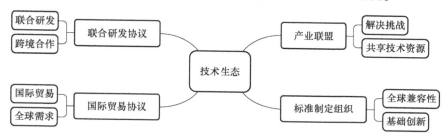

图 9-1　半导体行业技术生态构成

产业联盟由半导体产业的领军企业及研究机构等组成，共同致力于解决行业面临的挑战，包括但不限于供应链优化、生产效率提升及新技术的市场推广。通过共享技术资源和知识产权，加速新技术的问世和商业化，并推动人工智能技术在半导体产业中的应用。

国际贸易协议在促进全球半导体产品贸易中起关键作用。随着人工智能技术的广泛应用，全球对高性能半导体的需求快速增长，国际贸易协议能加快半导体产品进入国际市场，满足全球客户需求。

标准制定组织在全球半导体产业中不可或缺。它们制定和更新技术标准，确保产品和技术的全球兼容性和互操作性，促进技术交流与共享，加快新技术的推广和应用。国际标准的统一，使得半导体领域的人工智能在不同国家和地区间工作可以无缝衔接，为全球技术创新和经济发展提供基础。这些国际合作机制共同构建了互联互通、高效运作的全球半导体生态系统。在未来人工智能时代，随着对高性能计算和数据处理能力需求的增长，这些合作形式的重要性将更加突出。

9.1.2　创新性智能重塑未来半导体产业

在科技快速发展的时代，人工智能已成为推动各行各业革新的关键力量。未来，通用型人工智能（General Artificial Intelligence，GAI）和专用型人工智

能 (Specific Artificial Intelligence，SAI) 两大创新性人工智能在半导体产业中将凭借各自独特的特点和优势，发挥着不可或缺的重要作用，如图 9-2 所示。

通用型人工智能 GAI	专用型人工智能 SAI
加速芯片设计 优化制造过程 提升测试效率 预测产品需求	改善生产效率 控制产品质量 优化供应需求 智能维护设备

图 9-2　通用型人工智能和专用型人工智能

GAI 具备人类学习能力，能在各种环境中学习、理解和应用知识，且不仅限于特定任务。在半导体产业中，GAI 将在以下方面发挥作用。

1）在芯片设计阶段，GAI 通过学习大量设计数据和历史案例，自动生成最优设计方案，缩短设计周期，提高设计质量。

2）在制造过程中，GAI 可实时监控和分析生产数据，自动调整参数，确保芯片质量并减少废品率，提高生产效率和产品一致性。

3）在供应链管理方面，GAI 能整合全球供应链数据，精准预测材料需求和供应中断，自动调整订单和库存管理，提高企业运营效率。

4）在芯片测试领域，GAI 能通过学习历史测试数据，快速识别芯片缺陷，提升测试准确性和效率，减少时间和成本投入。

尽管 GAI 应用前景广阔，但其开发和部署需投入巨大技术成本，这涉及复杂的机器学习算法和大量数据处理。同时需要强大的计算能力、更大的存储空间，以及昂贵的硬件、软件资源和高技能研发团队。

专用型人工智能 (SAI) 是针对特定领域或任务设计的人工智能系统。SAI 可以采取多种形态，其可将简单的算法和软件程序整合到复杂硬件中的专业系统。通过对特定应用的优化，SAI 不仅能改善生产效率和控制产品质量，还能优化供应链管理。SAI 在智能制造、智能质量检测、供应链优化和智能设备维护等方面，可推动行业的数字化转型和智能化发展。

尽管 SAI 在半导体产业中有诸多优势，但也面临一些限制和挑战。因需求和技术条件快速变化，SAI 可能无法即时适应这些变化；它被设计来执行特定任务，因此缺乏处理未预见问题的灵活性。解决这些问题不仅涉及硬件升级，还包括软件和算法的持续优化。

在未来的人工智能时代，GAI 与 SAI 的协作在半导体产业中至关重要。

在芯片设计阶段，GAI 负责策略制定和创新引导，SAI 则确保设计的可行性和效率。在生产线上，GAI 实时分析生产数据并优化生产流程，而 SAI 则控制具体生产设备执行这些决策。在测试阶段，GAI 分析由 SAI 执行的测试结果，快速识别并预测质量问题并提出解决方案，SAI 执行精确的测试程序。GAI 从大量测试数据中学习和提炼信息，不断优化测试流程，提高产品质量。此外，GAI 还可分析市场的宏观经济数据、消费者行为和行业趋势，预测产品需求变化，SAI 则根据这些信息优化库存和物流计划。这种协作模式帮助半导体企业更有效应对市场波动，优化资源分配。

GAI 与 SAI 的协作将为半导体产业带来前所未有的潜力，使产业在保持高效率的同时，不断创新和适应市场需求变化。未来，这种协作的深化将是推动半导体产业发展的重要趋势。

9.1.3　未来人工智能时代的智慧型接口

未来，企业间的交流会更加密切，尤其是在企业间的人工智能系统上，对人工智能系统之间加以制定规则，将能更好地发挥出各个企业的优势。在这一过程中，智慧型接口将扮演关键角色，如图 9-3 所示。

系统级人工智能由多个模块组成。这些模块协同工作，使系统能够采集数据、分析学习，做出决策并执行任务。智慧型接口的引入使得互操作性成为可能，使不同企业的人工智能系统能无缝交流、共享数据和资源；其次是算法和模型的互操作性，不同企业的人工智能系统能兼容各种算法和模型；

最后是系统集成与协同工作，不同企业的人工智能系统能无缝集成，提高系统效率和性能，完成复杂任务。

智慧型接口				
系统级人工智能由多个模块组成，协同工作实现数据采集、分析、决策和执行。	通过智慧型接口共享数据和资源，加速技术创新，减少重复开发和资源浪费。	推动传统工业向数字化、智能化转型，为智能制造和工业互联网提供支撑。	人工智能系统协作需确保可持续性和公平性，平衡各方利益，维护公平竞争。	优化供应链，提高响应速度和效率，降低库存积压和生产成本。

图 9-3　智慧型接口带来的优势

人工智能系统的互操作性将推动半导体产业实现技术融合与创新引领。不同企业间的技术交流和合作将更加频繁深入，加速新技术研发和应用，推动半导体行业在材料、工艺、设计等方面取得突破性进展。人工智能系统的互操作性将促进半导体产业向更广泛市场扩张。通过互操作的人工智能系统，可实时收集分析用户需求数据，了解不同行业和用户的需求差异，设计出符合用户需求的定制化产品，创造更多商业机会。

随着全球化和数字化发展，半导体产业供应链将变得更复杂庞大。智慧型接口将使供应链数据在不同企业间实时共享并协同处理，提高供应链响应速度和效率，降低库存积压和生产成本，提高产品质量和交付速度，为企业赢得更多市场份额和客户信任。

随着人工智能技术的发展，越来越多的行业将采用人工智能提升生产效率、优化资源配置、改善产品质量等。在半导体产业，人工智能的广泛应用帮助企业加快新技术研发，包括但不限于新的芯片架构、先进的制造工艺、智能设计工具。

人工智能系统使电子芯片设备更加智能化，增加消费电子产品的吸引力，扩大市场需求。人工智能还能提升生产自动化程度和实现高精度缺陷检测，加强生产过程控制，提高生产效率。人工智能还能通过复杂计算和模拟进行优化设计，减少迭代时间，加速新技术市场推出。

随着物联网、云计算、大数据等技术的广泛应用，传统工业正向数字化、智能化转型。一方面，智慧型接口将使半导体产品广泛应用于数字化工业，为智能制造、工业互联网等提供支撑；另一方面，数字化工业的发展也推动半导体技术创新和产品升级，为半导体行业注入新动力。

在未来的人工智能时代，人工智能系统协作需确保可持续性，来满足当前和未来需求。其次，协作必须公正，平衡各方利益，维护公平竞争环境，避免利益分配不均和竞争环境扭曲，从而保障产业长期发展和稳定。

企业间人工智能系统可以通过智慧型接口共享数据和资源实现互利，加速技术创新，减少重复开发和资源浪费。制定开放标准和平台可促进人工智能系统交互和整合，降低成本，保证生态系统发展。统一通信协议和数据格式标准可确保不同企业的人工智能系统无缝对接，提升协作效率和可靠性。制定开放标准时需考虑各方利益，确保公平竞争和利益共享。

协作机制还需注重社会责任和可持续发展。合作和交互过程中需考虑环境、经济和社会长期福祉，推动可持续发展目标。

9.1.4　个人引领人工智能科技自立自强

在未来的人工智能时代，每个人都将发展自己的人工智能。个人人工智能除了可以帮助个人去更好地完成任务，还可以与其他人工智能合作，更高效、全方面地解决问题，从而引领科技走向自立自强。个人人工智能（PAI）是为个体定制的人工智能系统，能学习用户的习惯、偏好和专业知识，提供个性化支持。在半导体产业中，不同职位上的人员都有自己的 PAI。当 PAI 与 PAI 协作时，将形成"协同智能"，优化信息流和资源配置，使合作更高效。

数据共享使不同 PAI 系统可以访问多数据源信息，为各 PAI 提供丰富的信息资源。共享数据的优势包括但不限于：

1）PAI 从其他 PAI 学习经验，丰富知识库。

2）利用其他 PAI 的知识，加速学习，提高决策效率。

3）合作学习和知识共享，发挥集体智慧。

4）在半导体设计和制造中，缩短研发周期，推动技术进步。

在协同智能环境中，不同 PAI 相互协作，互相支持，可有效提高任务完成效率和质量。根据 PAI 的专业领域和技术能力，合理分配任务，确保各自优势发挥。协同智能系统能够根据需求动态调整资源分配，自动调整任务分配和执行策略，最大化系统性能和鲁棒性。

协同智能解决问题的能力是其核心价值。协同智能综合多 PAI 的信息和见解，可获取全面、丰富的数据和知识，更好地理解问题的复杂性，为解决方案提供基础。通过协同合作，可以融合不同思维和算法，形成多元化的解决方案。通过整合多个人工智能系统的决策能力，形成更强大和灵活的决策网络，提高对复杂问题的处理能力，如图 9-4 所示。

图 9-4 个人引领人工智能形成多元化网络

协同智能可弥补单一智能的不足。多个 PAI 的互动合作，形成集体智能网络，整合不同 PAI 的数据和见解，运用高级分析和机器学习算法，提炼有价值的信息，从而简化复杂问题。面对大规模或多方面问题时，协同智能有效分配任务给最适合的 PAI，再整合处理结果，形成最优任务分配策略。协同智能系统也会从每次互动中学习，不断优化合作策略和处理方法，不断提高效率和准确性。

在半导体产业中，协同智能可以整合不同 PAI 系统的信息和数据，综合多个因素和视角，优化决策路径和策略选择。通过交叉验证和对比分析、不同 PAI 系统的合作，促进创新思维和跨界思维的发展，推动决策朝着更具创新性和前瞻性的方向发展，增强决策竞争力。例如，在设计新的半导体芯片时，结构设计师的 PAI、材料科学家的 PAI 和质量控制工程师的 PAI 可以共同工作，各自提供专业视角，确保决策基于全面的技术和市场数据。

通过多个 PAI 的预测模型融合，充分利用各个 PAI 的优势，弥补单一模型的局限性，提高预测模型的精确度和稳定性。这种强化的预测能力特别适用于市场趋势分析和需求预测，帮助企业做出前瞻性的战略决策。协同智能系统还可提供实时反馈，持续监控和优化决策过程，减少错误和偏差，适应环境变化和新信息。

个人和人工智能通过集体智能合作，可建立高效的决策流程。在智能算法和模型支持下，不仅可实现决策自动化和优化，还能提高决策速度和质量，降低成本和风险，在竞争激烈的市场中取得优势，推动行业持续发展和创新。

9.2　未来人工智能时代半导体企业人才发展展望

早在 2018 年，创新工场董事长兼首席执行官李开复博士在他的新书《AI·未来》发布会上表示"基于当前技术的发展程度与合理推测，我认为在 15 年内，人工智能和自动化将具备取代 40%～50% 岗位的技术能力"，如今他仍然坚持这个预测。

咨询机构麦肯锡的一份名为《生成式人工智能的经济潜力》报告中声称"AI 取代人类工作的时间"已经被提前，"新的 AI 采用场景考虑了生成式人工智能的发展，模拟了 2023 年工作活动所花费的时间，在 2030 年至 2060 年间将会有 50% 的职业被 AI 取代，中点为 2045 年，与之前的估计相比，加速了大约十年。"

这意味着在未来人工智能时代，特别伴随具身智能发展，人形机器人将进入企业，颠覆制造业，企业中人类与具身智能机器人共同工作的情形将变得非常普遍，甚至出现真正的无人工厂，我们对此持谨慎乐观态度。

因此在未来人工智能时代企业的人才特征和人员结构也将发生极大改变，企业的组织和管理也会呈现新的趋势，半导体企业也不例外。

9.2.1 未来人工智能时代半导体产业人才特征

对于高度竞争、人才高度密集的半导体企业，在未来人工智能时代，人工智能技术将被优先应用，因此员工结构将会发生深刻变化，所需的人才具备以下特征。

1. 跨界融合能力

在人工智能技术极其发达的背景下，半导体产业所需的人才不再局限于单一的专业领域。他们需要具备跨界融合的能力，能够将电子工程、计算机科学、数据分析、人工智能等多个领域的知识和技术融合在一起，以创新和优化半导体产品。

2. 高级思维与策略规划

在人工智能具备部分人类思维能力的情境下，半导体产业的人才需要发展更高级的思维能力和策略规划技巧。他们不仅要能够理解复杂的技术问题，还要能够预测技术趋势，制定长远的发展规划，并领导团队实现这些规划。

3. 人机协作与沟通能力

在人工智能高度发达的时代，人机协作将成为常态。半导体产业的人才需要具备良好的人机协作能力，能够与智能系统有效沟通和合作，共同完成任务。同时，他们还需要具备向非技术背景的人员解释复杂技术问题的能力。

4. 创新精神和勇于实践

在一个快速变化的环境中，创新和勇于实践精神尤为重要。半导体产业的人才需要具备敢于尝试新想法、新方法的勇气，以及将创新转化为实际产品或服务的能力。

5. 适应性与学习能力

随着人工智能技术的不断进步，半导体产业的技术和工具也在快速更新。因此，人才需要具备强大的适应性和学习能力，以便快速掌握新技术和新工具，保持与产业发展的同步。

6. 道德与责任感

随着人工智能技术的广泛应用，道德和伦理问题也日益凸显。半导体产业的人才需要具备强烈的道德观念和责任感，确保技术的合理应用，避免滥用或误用技术带来的潜在风险。

综上所述，未来人工智能时代的半导体产业人才需要具备跨界融合、适应性与学习能力、高级思维与策略规划、人机协作与沟通、道德与责任感以及创新精神和勇于实践等多方面的特征。这些特征将有助于他们在高度发达的人工智能环境中脱颖而出，推动半导体产业的持续创新和发展。

9.2.2　未来人工智能时代半导体企业人才结构

未来10年，人工智能将逐渐替代半导体企业中人的工作（见表9-1），随着人形机器人、工业机器人、服务机器人的大量使用，半导体企业的人才结构也会改变，呈现出以下特点：

1）高层次研发人才占比增加。随着人工智能技术的不断发展，高层次研发人才在半导体企业中的占比将逐渐增加。这些人才将负责研发融合人工智能技术的半导体产品，推动企业的技术创新和产品升级。

表 9-1   未来 10 年人工智能替代预测

年　份	主要替代工作	影　响
2024—2026	晶圆检测员 封装测试员 数据采集员	一线劳动力占比下降
2026—2028	良率分析师 成本分析师 数据工程师	部分技术岗位需求减少
2028—2030	芯片架构设计人员 材料研究人员 工艺开发人员	部分研发岗位需求变化
2030—2035	芯片设计工程师	芯片设计自动化程度提高

2）特定的跨学科人才。企业需要具备电子工程、计算机科学、数据分析、人工智能等多个领域知识的特定跨学科人才，以满足对高效、高性能、低功耗半导体产品日益增长的需求。

3）技术与管理复合型人才受青睐。在未来人工智能时代，技术与管理复合型人才将受到企业的青睐。这些人才既懂技术又懂管理，能够带领团队高效地完成技术研发和项目实施工作，推动企业的快速发展。

因此，在未来人工智能背景下，半导体企业的岗位需求和人才结构将发生显著变化。企业需要积极适应这些变化，加强人才引进和培养工作，优化人才结构，以推动企业的持续创新和发展。

9.2.3　未来人工智能时代半导体企业关键岗位预测

在未来人工智能时代，半导体企业将面临一系列技术革新和产业升级的挑战。针对这些挑战，半导体企业需要增加一些新的关键技术岗位。

1. 人工智能算法与模型开发岗位

随着人工智能技术的深入应用，企业需要专业的算法工程师和模型开发人员来构建和优化用于半导体设计、生产、测试等环节的智能算法和模型。

这些岗位将负责研究、开发和维护高效的人工智能算法，以提高半导体产品的设计效率、生产良率和测试准确性。

2. 数据科学家与分析师岗位

在未来人工智能时代，数据将成为半导体企业的核心资产。数据科学家和分析师将负责收集、处理和分析大量数据，为企业的决策提供数据支撑。他们需要具备强大的数据处理能力、统计分析能力和业务理解能力，能够从海量数据中提取有价值的信息，为企业的研发、生产和销售提供数据驱动的见解。

3. 智能制造与自动化工程师岗位

随着智能制造和自动化技术的不断发展，半导体企业需要专业的智能制造与自动化工程师来设计和实施高度自动化的生产线。这些工程师将负责整合人工智能技术、机器人技术、传感器技术等，实现生产过程的智能化、自动化和柔性化，提高生产效率和产品质量。

4. 半导体与人工智能结合的研发岗位

在未来人工智能时代，人工智能人才将从"算法型"向"复合应用型"跃升，半导体企业需要研发人员深入研究如何将人工智能技术应用于半导体设计、制造和测试等环节。这些研发人员需要具备深厚的半导体专业知识和人工智能技术知识，能够开发出融合人工智能技术的半导体产品，提升产品的性能和智能化水平。

5. 安全与隐私保护专家岗位

随着人工智能技术的广泛应用，数据安全和隐私保护问题也日益重要。半导体企业需要专业的安全与隐私保护专家来确保企业数据的安全性和合规性。这些专家将负责制定和执行安全策略、监控潜在威胁、响应安全事件，并为企业提供安全培训和咨询服务。

所以，未来人工智能时代半导体企业将出现新型的关键技术人才需求，他们将集中在算法设计、数据分析、智能制造、半导体与人工智能融合研发以及安全与隐私保护等领域。这些人才将共同推动半导体企业在人工智能技术驱动下的创新发展。

9.2.4　未来人工智能时代半导体企业需要关注的问题

在一个人工智能高度发达，人类与人工智能共同工作的企业环境中，诸如人工智能管理与伦理、人机协作模式、智能化岗位设置等问题将日益凸显，需要引起企业足够重视。

1. 人工智能管理

在人工智能高度融入企业运营的背景下，一个全面且高效的人工智能管理框架显得尤为重要。半导体企业应致力于构建一个集开发、部署、监控和维护于一体的管理体系。这一框架的建立不仅是技术层面的需求，更是企业战略发展的必然选择。

首先，明确各环节的职责和流程是关键。从需求收集、算法设计、模型训练到最终的应用部署，每一个环节都需要有明确的负责人和执行标准。其次，数据安全和隐私保护应被视为管理框架中的重中之重。随着数据量的激增，如何确保数据在传输、存储和处理过程中的安全性，防止数据泄露和滥用，是半导体企业必须严肃对待的问题。

2. 人工智能伦理

在追求技术创新的同时，半导体企业必须始终恪守人工智能的伦理原则。伦理不仅是企业社会责任的体现，更是企业可持续发展的基石。尊重人权、保护隐私、确保公平应成为企业应用人工智能技术的基本准则。此外，提高人工智能系统的透明度和可解释性也是至关重要的。用户需要了解系统是如何做出决策的，这有助于建立用户对技术的信任，减少误解和偏见。当系统出现问题时，企业应迅速响应，承担起应有的责任，并通过建立有效的反馈机制，鼓励用户积极参与系统的改进和优化。

3. 人机协作模式

在未来人工智能时代，人机协作将成为半导体企业提升竞争力的关键。

通过合理分工，人工智能可以承担大量的、重复性、烦琐的数据分析工作，而人类则可以专注于策略制定、创新思维以及复杂问题的解决。这种协作模式不仅能够显著提高工作效率，还有助于激发员工的创造力和创新精神。

为了实现这一目标，半导体企业需要加大对员工的培训力度，提升他们的数字化技能和人工智能应用能力。同时，企业还应积极探索和尝试新的人机协作模式，不断优化生产流程和管理体系，以适应不断变化的市场环境和技术趋势。

4. 智能化岗位的设置

随着人工智能技术的广泛应用，半导体企业需要重新设置和调整岗位结构，以适应新的技术环境。智能化岗位的设置应紧密结合企业的实际需求和人工智能技术的特点，旨在最大程度发挥人机协作的优势。除了传统的技术岗位外，如算法工程师、数据分析师等，企业还应设立专门负责人工智能技术应用和管理的岗位，如智能化系统运维工程师、人工智能产品经理等。这些岗位的设置将有助于企业更好地将人工智能技术转化为实际的生产力，推动企业的智能化转型。

同时，人才培养也是不可忽视的一环。半导体企业应加大对人工智能领域专业人才的引进和培养力度，通过建立完善的人才激励机制和培训体系，吸引和留住优秀的人才资源，为企业的长远发展提供有力的人才保障。

综上所述，未来人工智能时代为半导体企业人才带来了新的发展机遇和挑战。通过构建完善的人工智能管理框架、恪守伦理原则、深化人机协作模式以及合理设置智能化岗位并加强人才培养，半导体企业才能够顺应时代潮流，在人工智能高度发达和技术快速变革的环境中实现可持续发展。

9.3 结束语

半导体技术，作为现代科技发展的基石，其影响力早已超越了传统的电子工业范畴，深入到了人工智能、云计算、物联网等前沿领域。对于未来，半导体技术将继续扮演着至关重要的角色，不仅将推动科技的飞速进步，还将重塑人类社会的生产生活方式。所以，我们必须站在一个更为广阔的角度，重新审视人工智能技术如何影响半导体产业的发展，我们需要审慎乐观；我们需要"科技去魅"深入理解技术的工作原理、限制和影响，去除围绕科技产品或服务的神秘感或不切实际的期待；我们更需要重新定义与发现人存在的意义，思考如何在技术发展的同时保持人的本质和价值。只有这样，我们才能实现技术与人的和谐共生，创造一个更加美好的未来。

未来已来，

我们正在经历，

也正在创造。

参 考 文 献

[1] 程星华. 新基建带动下的第三代半导体产业发展机遇[J]. 智能建筑与智慧城市, 2021 (5): 49-52.

[2] 王阳元. 集成电路产业全书[M]. 北京: 电子工业出版社, 2018.

[3] 闫梅, 刘建丽. 赶超与发展: 我国集成电路产业链布局与优化对策[J]. 齐鲁学刊, 2023 (6): 125-136.

[4] 兰晓原. 半导体产业: 现状、发展路径与建议[J]. 发展研究, 2018 (6): 77-81.

[5] 中国集成电路市场前景及投资研究报告[J]. 电器工业, 2021 (9): 24-38.

[6] 张雅光. 城乡义务教育师资均衡配置的国际经验与启示[J]. 外国中小学教育, 2017 (1): 8-14.

[7] 王凯霞. 人工智能等新兴技术对人力资源管理、组织行为的影响[J]. 佳木斯职业学院学报, 2020, 36 (12): 51-52, 55.

[8] 王崇良, 黄秋钧. 当 HR 遇见 AI 用人工智能重新定义人力资源管理 [M]. 北京: 人民邮电出版社, 2022.

[9] 郑奕. 人工智能在我国人力资源管理领域的应用研究[J]. 遵义师范学院学报, 2021, 23 (6): 105-108.

[10] 赵宜萱, 赵曙明, 栾佳锐. 基于人工智能的人力资源管理: 理论模型与研究展望 [J]. 南京社会科学, 2020 (2): 36-43.

[11] 张琪, 林佳怡, 陈璐, 等. 人工智能技术驱动下的人力资源管理: 理论研究与实践应用[J]. 电子科技大学学报 (社科版), 2023, 25 (1): 77-84.

[12] 彭璐. 人工智能对企业人力资源管理的挑战及对策研究[J]. 企业改革与管理, 2020 (9): 77-79.

[13] 高英慧. 人工智能背景下企业管理的发展路径探析[J]. 现代管理, 2024, 14 (4): 613-618.

[14] 吴梦瑶. 人工智能时代企业管理的融合发展与风险挑战分析[J]. 企业科技与发展, 2022 (4): 116-118.

［15］银锋，李云植，张波波．中国半导体企业创新绩效影响因素分析［J］．科技创业月刊，2023，36（9）：59-68.

［16］李岩．员工创新对企业管理绩效的影响分析［J］．全国流通经济，2024（5）：48-51.

表 4-9 人工智能影响下的半导体产业从业人员岗位图谱

人工智能影响下的半导体产业从业人员岗位图谱	材 料			设 计			制 造		封 测		装 备	应 用			服务与保障		
	衬底		外延	芯片架构设计	芯片电路设计	芯片版图设计	芯片制造工艺	芯片生产制造	封装测试		光刻机、刻蚀设备等	系统集成与应用			厂 务	设备	环境健康与工业安全
	晶体生长	晶片加工	外延	架构	电路	版图	工艺	生产	封装	测试	设备	系统开发	系统生产	集成与应用			
研发类	晶体生长研发工程师	晶片加工研发工程师	外延研发工程师	人工智能辅助芯片架构工程师、芯片产品经理	人工智能辅助算法设计工程师、芯片设计工程师、测试验证工程师	布局工程师、布线工程师、时序分析工程师和电源完整性工程师	工艺工程师、工艺整合工程师	晶圆工程师	封装研发工程师		设备开发工程师、系统集成工程师	嵌入式开发工程师、硬件开发工程师、软件开发工程师、产品研发工程师、系统开发工程师、人工智能数据工程师	产品生产工艺工程师	FAE现场应用工程师、系统集成工程师			
生产管理类	晶体生长工艺工程师、人工智能辅助分析检测工程师	衬底加工工程师、半导体清洗工程师	工艺工程师、半导体清洗工程师、人工智能辅助分析检测工程师					人工智能辅助生产管理工程师、质量工程师	封装工艺工程师、测试工程师、良率工程师	人工智能辅助测试工程师			质量工程师		气体工程师、水处理工程师、电气工程师、网络安全工程师	设备工程师	安全(消防)工程师-EHS
产品管理类												产品工程师、项目管理工程师、质量工程师		产品工程师、质量工程师			
市场管理类												产品工程师、项目管理工程师		解决方案工程师			
应用实施类														项目管理工程师、系统调试工程师			
技术员/操作员	晶体生长操作员、检测员	技术员	外延技术员、清洗技术员				工艺技术员	制造技术员	封装技术员	测试员	设备调试技术员、系统安装员						

注: 表中标有删除线的红色字表示会消失的岗位; 蓝色字表示会受影响的岗位; 绿色字表示新增的岗位。